Walter Leonhardt

VERGEWALTERT

Von einem der den Kapitalismus mit seinen eigenen Waffen schlug

Über das Buch

Kann ein einzelner Mensch etwas gegen große Konzerne ausrichten und den Kampf David gegen Goliaths alleine durch Hirn, Herz und Humor für sich entscheiden? Der Autor wollte wissen, ob so etwas wirklich funktioniert.

Er entwarf dafür einen Plan, den er im Verlauf von zwei Jahren Schritt für Schritt in die Tat umsetzte. Dabei stellte er sich alleine zwei Wirtschaftsgiganten entgegen, spielte diese gegeneinander aus und gewann das riskante Spiel, das von Anfang an nicht verloren werden konnte, weil er immer vor-, niemals nachdachte und keinerlei Bereitschaft zum Scheitern zeigte, bevor die anderen nicht kapitulieren.
Das ist die wahre Geschichte dazu.

Über den Autor

Walter Leonhardt wurde 1979 in der Nähe von Stuttgart geboren. Er beschäftigt sich seit mehr als zehn Jahren mit den Lehren asiatischer Kriegsphilosophie. Seine dadurch erworbenen Fertigkeiten und Fähigkeiten wendet er vielfach im Alltag an. Daneben studiert er Politikwissenschaft an der Ernst-Moritz-Arndt Universität Greifswald.

©2015 Walter Leonhardt
Herstellung und Verlag: BoD – Books on Demand, Norderstedt

ISBN: 978-3-7347-4695-6

Inhalt

Vorwort

„Man kann als Einzelner gegen die da oben nichts ausrichten. Ich, der kleine Mann, bin vollkommen machtlos." Dieser Gedanke wird jedem Arbeitnehmer im Laufe seines Berufslebens schon einmal gekommen sein. Eine besonders hilflose Spezies Arbeitnehmer scheinen Menschen in Zeitarbeit zu sein. Zeitarbeit ist eine Branche, die sich dadurch auszeichnet, Henry Fords These, dass Arbeit uns mehr als Lebensunterhalt, nämlich das Leben gibt, Lügen straft. Es ist die einzige Branche, die vollkommen auf Loyalität Untergebener verzichtet und nicht nur trotz sondern gerade wegen des Umstands, dass alle in diesem Segment Beschäftigte nur raus aus Leiharbeit und rein in Festanstellung wollen, prosperiert und stetig Gewinne abwirft.

Ich fragte mich, ob obiges Zitat Gültigkeit hat, ein Einzelner wirklich nichts gegen große Konzerne unternehmen kann und entwarf einen Plan, den ich im Verlauf von zwei Jahren Schritt für Schritt in die Tat umsetzte. Ich stellte mich alleine zwei Wirtschaftsgiganten entgegen, spielte diese gegeneinander aus und gewann das riskante Spiel, das von Anfang an nicht verloren werden konnte, weil ich immer vor- und niemals nachdachte, keinerlei Bereitschaft zum Scheitern zeigte, bevor die anderen nicht kapitulieren.

Das hier ist die Geschichte dazu.

Kenne Deinen Gegner und kenne Dich selbst, dann wirst
Du auch in hundert Schlachten nicht in Gefahr geraten.

Sun Zu

Das Ziel jeden Duells ist der Sieg – unter allen Umständen.

Myamoto Musashi

Prolog I

Wie schlägt man einen übermächtigen Gegner, gegen den man – rein logisch gedacht – keine Chance hat? Ganz einfach: Indem man zum Zeitpunkt des ersten Angriffs das Spiel bereits gewonnen hat! Man hat sich vorab bereits eine gefühlte Ewigkeit auf das Duell vorbereitet, kennt sowohl seinen Gegner als auch sich selbst in- und auswendig. Man fragt sich, was die andere Partei für Stärken und Schwächen, für Chancen und Möglichkeiten hat, versucht diese zu ergründen, bevor man beginnt, seinen Plan zu schmieden. Sun Zu sagt dazu „Der General, der eine Schlacht gewinnt, stellt vor dem Kampf im Geiste viele Berechnungen an. Der General, der die Schlacht verliert, stellt vorher kaum Berechnungen an. So führen viele Berechnungen zum Sieg und wenige Berechnungen zur Niederlage – überhaupt keine erst recht!"

Unter übermächtigen Gegnern verstehe ich Unternehmen, Konzerne und Verbände, die – ob klein oder groß - eine Konzentration von geballter Macht in Form von Kapital und Wissen darstellen, die die des einzelnen Individuums um ein Vielfaches übersteigt. Der Einzelne, sofern er nicht Albert Einstein oder Bill Gates heißt, ist diesen rein rechnerisch immer unterlegen.

Gesellschaften und Verbände können quasi unbegrenzt Söldner (Anwälte, zum Beispiel) anheuern und gegen Dich ins Felde schicken, Dir ordentlich einheizen, bis die Socken qualmen und Dein Hirn vor Druck zu zerbersten droht. Sie können Dich ausgrenzen, verunglimpfen und die gesamte Bandbreite verbaler Gewalt und juristischer Gewitztheit einsetzen, bis Du selber an Dir zweifelst und letztendlich innerlich zerbrichst.

Um so ein Spiel zu gewinnen bedarf es also einer gewissen Standhaftigkeit, vertieften Wissens über Actio und Reactio, Ursache und Wirkung. Bestenfalls kommt ein stabiles Wertesystem dazu, das einer Panzerung, einem Gerüst gleich, Dir sicheren Stand verschafft.

Mein Wertegerüst heißt „Asiatische Kriegsphilosophie", ich baue seit mehr als zehn Jahren daran. Ich lese fast täglich die Lehren Myamoto Musashis, Sun Zus und Tsunemoto Yamamotos. Ich beschäftige mich intensiv mit deren praktischer Umsetzung in heutiger Zeit. Trotzdem werde ich das Gefühl nicht los, noch ganz am Anfang der Entwicklung zu stehen, beherrsche erst das Alphabet und lerne langsam, aus einzelnen Buchstaben erst Worte, dann Sätze zu bilden.

Ich bin ein Egoist, setze meine Fertigkeiten und Fähigkeiten zuallererst für mich selber ein, sorge dafür mir ein zwangloses Leben zu ermöglichen. Ich mache prinzipiell nicht mehr als unbedingt nötig, personifiziere mich mehr mit Dude Lebowski als einem Workaholic wie Bill Gates. Trotzdem springt durch meiner Denken Arbeit regelmäßig Benefit für Dritte heraus, wenn auch nicht ganz so viel als wenn ich bekennend altruistisch wäre. Ich sehe das pragmatisch: Wer bereit ist alleine durchs Feuer zu gehen, darf sich auch das Recht herausnehmen zu entscheiden, wieviel er für sich behält und wieviel er anderen offenbart.

Diese Lebenseinstellung disqualifiziert mich ein Vorbild zu sein. Trotzdem kannst Du als Leser ihr vielleicht einiges abgewinnen, etwas durch dieses

Buch dazulernen. Und sei es nur eine neue Perspektive darauf, wie Menschen und Unternehmen, Verbände und die Gesellschaft insgeheim funktionieren.

Mein gewählter Weg führt nicht dazu, auf dem Wege stetiger Arbeit zu Reichtum zu gelangen. Führen die meisten Pfade laut Aussage vieler Arbeitnehmer aber sowieso nicht. Trotzdem glaube ich daran, dass jeder Mensch zumindest einmal im Leben die Chance auf Ruhm bzw. Reichtum hat. Diese Gelegenheit zu erkennen, das Glück in Angriff zu nehmen und dieses durch Mut, Ausdauer und Cleverness zu erzwingen, ist eine andere Sache.

Ich zumindest sah die Chance und heute erzähle ich Dir, wie es dazu kam und was ich dafür alles auf mich genommen habe.

Prolog II

Um mich zu verstehen, musst Du einiges über mich wissen...

Ich lebe das Leben des Shugyōsha – die sogenannte Kriegerwallfahrt. Ich suche Vervollkommnung, versuche auf dem nicht gefahrlosen Weg des Schwertkampfes die Erleuchtung zu erlangen. Dabei ist mein Schwert der Verstand, meine Gegner sind Firmen und Verbände, die gegen Recht und Moral verstoßen, auf gefahrlosem Weg - Schwächere auszubeuten – Geld verdienen.

Es gibt bestimmte Regeln im Shugyōsha, denen ich mich unterwerfen muss, will ich Erfolg haben. Diese lauten:

1.   Schlafe nicht unter einem Dach

2.   Trage kein Geld und kein Essen bei Dir

3.   Gehe an Orte, vor denen sich der einfache Mann fürchtet

4.   Werde ein Krimineller

5.   Lasse Dich einsperren und befreie Dich durch Deine Weisheit.

Besagten Weg schlug ich, anfangs intuitiv später bewusst, ein: Vor mehr als zehn Jahren saß ich bei einem Psychologen, der ein Gutachten über mich erstellte. Es sollte Auskunft darüber geben, wie ich gepolt bin und wo ich innerhalb der Gesellschaft meinen Platz als nützliches Mitglied der Gemeinschaft finde. Dabei wurde festgestellt, dass ich außerordentlich intelligent sei, mich aber die meisten Dinge des normalen Lebens stark langweilen würden. Man attestierte mir, dass ich von delinquentem Verhalten faszinert sei, meine Phantasie in diese Richtung nicht nur besonders ausgeprägt ist, sondern Tatkraft und Entschlossenheit bedenkliche Werte erreichen.

Seit Abschluss der Grundschule war ich lausiger Schüler. Ich quälte mich Jahr für Jahr durchs Gymnasium, war aber in allen Fächer Kilometer entfernt von einer guten Zensur. Lernen war langweilig. Ich stiftete lieber Nachbarskinder dazu an, dass wir am Berghang bei uns um die Ecke eine riesige Bunkeranlage errichten, dafür notfalls den halben Berg abtragen. Ich hatte in Bücher über den Vietcong gelesen, wie so etwas funktioniert und wollte dies unbedingt in die Tat umsetzen.

Ich ging vom Gymnasium ohne Abschluss ab, Downgrading in die Realschule konnte ich mir einfach nicht vorstellen – dort wäre alles nur noch langweiliger. So kam es, dass meine alten Schulfreunde Abitur machten und studieren gingen, während ich mich in der Bundeswehr abplagte – meine Mutter hatte heimlich im Kreiswehrersatzamt angerufen und – aus Sorge, ich könnte nur Unsinn machen - meine sofortige Einberufung erwirkt.

Zu der Zeit, ich war gerade neunzehn Jahre alt geworden, lernte ich meine erste große Liebe kennen und stürzte mich kopfüber ins Abenteuer, ohne Job, Ausbildung oder Ahnung vom Leben mit ihr in eine fremde Stadt zu ziehen. Es kam, wie es kommen musste – irgendwann ging alles den Bach runter und ich stand mit leeren Händen dar. Bis dahin war ich der typische intelligente Versager – unschuldig, harmlos, fernab jeglicher Realität.

Mit alten Freunden hatte ich seit langem kaum noch Kontakt. Ich hatte mit meiner Freundin die Stadt verlassen, wir zogen zweihundert Kilometer weg, mitten auf die schwäbische Alb. Sie war für mich Mittelpunkt des Lebens, reichte mir vollkommen aus. Alle Pläne und Träume beinhalteten sie, stets und für immer an meiner Seite stehend.

Ich fand in der Fremde nicht Fuß, verheimlichte das meiner Freundin und versteckte die Wahrheit hinter einem Lügengerüst, das irgendwann in sich zusammenfiel. Sie war zutiefst enttäuscht, liebte mich aber innigst und bot mir eine letzte Chance, sofern ich verspräche, dass ich mich ändern würde. Ich wusste aber, dass ich das nicht kann, ließ sie deshalb in Schmerz und Chaos sitzen, um größeren Schmerz und größeres Chaos zu verhindern. Sie vergab mir irgendwann, vergaß es aber niemals. Ich dagegen vergaß es irgendwann, vergab mir das aber niemals.

Nach der Trennung bleiben konnte ich nicht – zu groß der hinterlassene Schaden, zu schmerzlich die Erinnerung. Zurück zu den Eltern wollte ich nicht – ich wollte nicht die Schmach erleben mir sagen zu lassen, dass diese genau das vorhergesagt hatten. Also verließ ich nicht nur Baden-Württemberg, sondern gleich das ganze Land und suchte das Glück in Belgien.

Ich bin nicht gerade Weltmeister im Socialising, ein Netzwerk aufzubauen behagt mir nicht. Ich sehe mich als Insel mit zwei Bergen und dem tiefen weiten Meer. Mit diesem Denken Kontakte zu finden ist alles andere als leicht. Ich reiste von Zeit zu Zeit nach Deutschland, hielt mich vor Leuten aber immer bedeckt. Ein alter Bekannter von mir besuchte mich regelmäßig, fand meine stille Art ganz gut. Dieser lebte davon, im großen Stil Drogen von Holland nach Deutschland zu transportieren und versuchte mich zu überreden, sein Partner zu werden. Die Nachfrage war gewaltig und er wollte langsam kürzer treten, war mit seinen ostdeutschen Connections bereits jahrelang im Geschäft. Bei mir in Lüttich machte er Zwischenhalt und ließ sich beraten, welche Strecke am sichersten war. Ich kannte jede Ecke Ostbelgiens, von Lierse bis nach Luxemburg, wie meine Westentasche; hatte die Gegend intensiv zu Fuß, mit Fahrrad, per Auto und Bahn erkundet.

Mich faszinierte der Gedanke, allerdings hatte ich bis dato mit Kriminalität nichts am Hut, bat um Bedenkzeit, vor allem aber um Gelegenheit, erst mal kriminell zu werden. Kann man so was erlernen? Ich zumindest glaubte daran. Ich las alles, was ich über Kriminalität und Kriminelle in die Finger bekam, begann danach Stück für Stück innere Schranken abzubauen. Wie soll man denn unbemerkt stehlen, wenn man ein schlechtes Gewissen dabei hat? Wie soll man einen Rucksack voller Dope über die Grenze bringen, wenn das Herz so laut pocht, dass man glaubt, der Mann am anderen Ende des Bahnsteigs könnte es noch klopfen hören? Ich stand mit vierzehn Jahren drei Stunden vor der Zeitschriftenauslage eines Supermarkts und traute mich nicht, mit dem Erotik-Heft an die Kasse zu gehen. Das alles aus Sorge, was wohl die Verkäuferin über mich denkt, wenn ich PRALINE und Micky Maus zusammen aufs Band lege, denn an beidem bekundete ich gleichermaßen Interesse. Und so ein Schisshase sollte auf einmal den Schneid besitzen, drei bis acht Kilogramm Marihuana durch drei Länder bis an den Bestimmungsort zu transportieren? Na dann gute Nacht!

Ich erlernte autodidaktisch Kriminalität, danach stieg ich ins Business meines Bekannten ein. Die Zeit war aufregend und langweilig zugleich. Ich hatte nur einen Kontakt in Amsterdam, erhielt dort luftdicht versiegelte schwarze Päckchen und brachte diese innerhalb von zwei Tagen ans Ziel. Dabei nutzte ich meine Kenntnis der belgisch-luxemburgischen Grenzregion, überquerte meist dort die deutsche Grenze, wo Zöllner nur in die andere Richtung schauend nach Schwarzgeld auf der Lauer lagen. Bei der Warenabgabe nahm ich einen Umschlag entgegen und fuhr damit wieder nach Lüttich zurück, wo ich nicht mal den Hauch von Verdacht erregte, irgendetwas mit illegalen Aktivitäten am Hut zu haben. Ich rauchte kein Gras („never get high from your own supply"), lebte normal bis bescheiden und pflegte keinerlei Kontakt mit Personen, die auch nur entfernt etwas mit Gangster oder Kriminalität zu tun hatten. Ich verdiente recht gut, war aber trotzdem nur Ersatzmann, der von Zeit zu Zeit einsprang, wenn mein Kollege lieber Fahrrad fuhr statt seinem Business nachzugehen.

Dieser Lebensabschnitt war einige Zeit vorbei, als ich zufällig Leute kennenlernte, die mich rekrutierten und quasi von der Pike auf beibrachten, wie organisiertes Geschäft funktioniert. Sie bildeten mich aus, setzten mich erst im Mobilfunk, dann im Ölverkauf ein. Ich verdiente sehr viel Geld, halte unter anderem den Rekord an Einzelgeschäftskundenverträgen, was die einstige Firma Talkline betrifft.

Zu der Zeit wurde ich innerhalb kürzester Zeit ziemlich vermögend, erlebte aber auch sehr schnell, was verraten und verkauft zu werden bedeutet. Ich wurde von den mir am nächsten stehenden Geschäftspartnern, meinen

Lehrmeistern, übers Ohr gehauen. In diesem letzten Teil meiner Ausbildung lernte ich auf harte Tour, dass der engste Vertraute die größte Gefahr darstellt, man Freunde nah, Feinde aber näher an sich halten muss. Danach war ich zwar um die Erfahrung reicher, stand ansonsten aber mit leeren Händen dar.

Die Leute, mit denen ich zu tun hatte, verdienten ihr Geld dank guter Kontakte, nicht aufgrund von Perfektion in Methodik. Ihre Vorgehensweise war vorhersehbar, teilweise plump und billig, funktionierte aufgrund Gier und Bereitschaft Dritter, sich kaufen zu lassen. Intellektuelle Meisterleistungen wie in Film und Fernsehen gesehen erlebte ich keine, doch gerade das macht die Faszination des Verbrechens aus: Der Wunsch, selber einen perfekten Coup über die Bühne zu bringen. Kriminalität ist hierbei zweitrangig, ein Hauch von Gaunerei gehört aber dazu.

Es gibt ein Filmgenre namens „Heist"-Movie, dieses ist dem Thriller zuzuordnen. Diese Filme befassen sich mit Planung, Vorbereitung und Durchführung spektakulärer Raubüberfälle, wobei die Handlung hauptsächlich den Blickwinkel der Täter zeigt. Diese sind in der Regel Sympathieträger des Films, bei den Bestohlenen handelt es sich meist um Leute, die selbst wesentlich skrupelloser als die eigentlichen Täter sind. Zeitgenössische Beispiele für Heist-Movies sind die „Ocean's Eleven"-Trilogie von Steven Soderbergh, Guy Ritchies„Bube, Dame, König, grAS" oder die erfolgreiche Fernsehserie „Prison Break".Das alles prägte mich, allerdings kam ich aufgrund meiner gemachten Erfahrung zur Erkenntnis, dass mein perfekter

Coup – mein Heist – sich dadurch auszeichnen sollte, im Einklang mit der Gesetzgebung durchgeführt zu werden.

Der Trick sollte darin bestehen, Schandtaten der Gegner als Werkzeug gegen diese einzusetzen, entsprechend dem Einsatz von Hebeltechniken in Judo und Aikido. Das Prinzip ist denkbar einfach: Man begreift seinen Gegner – ob Einzelperson, Gruppe oder Unternehmen – als Körper, geht nicht den Rumpf sondern Gliedmaßen an. Dabei bringt man erst sich, dann das zu hebelnde Glied in geeignete Stellung, in der es nicht mehr aus dem Griff des Angreifers herausgedreht werden kann und belastet dieses bis zum Anschlag, was starke Schmerzen bis hin zur Aufgabe verursacht. Klappt im Kampf, auch ohne Sport.

Die Herausforderung, auf diese Art einen Heist umzusetzen, ist deutlich größer – erfordert abstraktes Denken. Sie macht aber auch doppelt so viel Spaß. Denn jeder Depp kann Schwache ausbeuten oder gegen Gesetze verstoßen. Nur ein Meisterkrimineller schafft aber einen Heist mit Eleganz legal durch zu ziehen.

Ich kannte die dunkle Seite gut genug und hatte ein Gespür entwickelt, wie weit ich gehen kann, um Regeln zu beugen ohne zu brechen. Das Zauberwort war „Rechtswidrigkeit". Liegt Rechtswidrigkeit nicht vor, ist eine Handlung rechtmäßig, kann also nicht verboten sein. Mein ganz persönlicher Heist sollte so aufgebaut sein, dass ich bei allem, was ich tue, jederzeit mein berechtigtes Interesse wahrnehme. Von da an wartete ich auf die richtige Gelegenheit, verbrachte die Zeit bis dahin mit Ausbildung und Studium an der Universität Greifswald.

Bis sie eines Tages auftauchte: Unvermittelt, ungeplant und vollkommen unerwartet...

Entstehung

In den Wintersemesterferien 2012 besuchte ich für ein paar Tage meine Familie in Bietigheim-Bissingen. Familie, das sind für mich Mutter und Schwester. Mein Vater lebt irgendwo in Ungarn, seit 14 Jahren haben wir keinen Kontakt. Daheim lief mir zufällig eine alte Bekannte, die ich seit Jahren nicht gesehen hatte, über den Weg. Wir verabredeten uns für denselben Abend in einer Bar. Dort trafen wir ihren Kumpel aus dem Fitnessstudio. Dieser arbeitete als interner Mitarbeiter beim Randstad-Konzern.

Randstad ist ein internationaler Personaldienstleister mit Niederlassungen in über 40 Ländern. Mehr als eine halbe Million Menschen arbeiten für das Unternehmen, 63.000 allein in Deutschland. Die Firma ist eine Aktiengesellschaft, machte vergangenes Jahr 16,5 Milliarden Euro Umsatz, erwirtschaftete dabei mehr als eine halbe Milliarde Euro Gewinn vor Steuern, Zinsen und Abschreibung. Personaldienstleister sind bei uns als Zeit- bzw. Leiharbeitsfirmen bekannt, die angebotene Dienstleistung geht aber weit darüber hinaus. Personalvermittlung, Outsourcing, Outplacement und viele weitere Out-Sachen gehören ebenfalls dazu.

Als Greifswalder Student ist man trinken gewohnt – selbst Bauarbeiter sehen alt aus, sobald meine Freunde mit bechern loslegen. Ich bin nicht ganz so gut darin, zum Partytrinker unter den Tisch trinken reicht es aber allemal. Nach ein paar Drinks lockerte sich die Zunge meines Gegenübers und er wurde offener, was Gesprächsthemen betraf. Er erzählte von seinem Job und den Dingen, die er dort erlebte.

Das Thema Zeitarbeit war mir bis dato vollkommen unbekannt. Ich wusste, dass die Branche keinen guten Ruf genießt, man wenig verdient, zumindest aber schnell Erfahrung sammelt, da man in kürzester Zeit viele Unternehmen und Industriezweige kennenlernen kann. Ich erfuhr, dass Zeitarbeit für Arbeitnehmer nicht mal halb so toll ist, wie ich bis dahin angenommen hatte. Im Leiharbeitseinsatz Beschäftigte arbeiteten teilweise jahrelang beim selben Entleiher auf derselben Position, verdienten aber deutlich weniger als ihre festangestellten Kollegen. Die meisten strebten nach Kontinuität und Sicherheit, wünschten sich daher nichts sehnlicher als Übernahme durch die Kunden. Dies war aber weder von Verleiher noch Entleiher gewünscht. Der Verleiher verlor mit jeder Übernahme nicht nur den Arbeiter, sondern gleich noch die Stelle und dazugehörigen Umsatz. Die Entleiher dagegen waren dank Zeitarbeit flexibler, umgingen Kündigungsschutz und konnten mit wenig Stammbelegschaft und viel externem Personal leichter regelmäßige Tarifverhandlungen mit starken Gewerkschaften abfedern; die setzen sich für Festangestellte ein, der große Rest bleibt außen vor.

Er erzählte mir vom Druck, den Randstad auf seine Niederlassungen ausübe, um Kennzahlen-Ziele zu erreichen. Die Schuld sah er weniger am eigenen Firmenvorstand, sondern bei der knallharten Branche Zeitarbeit an sich: Es gäbe immer einen Konkurrenten, der Kunden die Dienstleistung Arbeitnehmerüberlassung noch billiger als man selber anbiete und letzterem sei scheißegal, wie Verleiher ihre Kostenkalkulation bewerkstelligen. Nicht günstig, sondern billig müsse man sein. Randstad habe daher gar keine andere Wahl, als „auf den Zug mit aufzuspringen“ und Kennzahlen dadurch zu erreichen, dass Rendite auf Kosten der Zeitarbeiter „ein bisschen aufgebessert" werde. Ich fand das interessant: Manager unterbieten sich aus Eigennutz oder Doofheit gegenseitig bis zum Abgrund und machen ein schlechtes Geschäft dadurch wieder lohnenswert, dass sie diejenigen, die für sie die Kohlen aus dem Feuer holen – ihre Arbeiter – noch um Teile des ihnen zustehenden Lohnes abziehen. Daher fragte ich, ob ich das richtig verstehe und Randstad demnach Zeitarbeiter wissentlich weniger zahle als diesen zusteht. Aus reiner Neugierde wollte ich noch wissen, ob er das nicht irgendwie scheiße findet. Dabei erfuhr ich, dass das nicht nur Problem bei Randstad sei; das würden so gut wie alle in der Branche machen. Wer nicht mitzieht, ist selber doof. Er selbst hatte einst als Überbetrieblicher Mitarbeiter begonnen. Damals wusste er davon nichts und „so isses auch mit den ganzen Dummköpfen, die für uns arbeiten".

Ich schob diese Aussage auf zuviel Alkoholkonsum – mit Greifswalder zu trinken endet oftmals in schamvollem Erwachen am nächsten Morgen -, aber er schien erst richtig in Fahrt zu kommen. Er erzählte davon, wie die Internen manchmal zusammensitzen, sich untereinander darüber lustig machen, welch Schwachsinn sie Untergebenem XY als Antwort auf eine berechtigte Frage gegeben hätten, welcher den Mist auch noch geglaubt habe. Viele Zeitarbeiter seien „geistig eher einfach gestrickt", arbeiten daher „nicht ohne Grund" bei ihnen. Es gäbe zwar paar fitte Leute, das große Geld mache man aber mit Hinz und Kunz. Er selber zählte sich übrigens nicht zu den „Dummköpfen", denn erstens sei er studiert und zweitens hätte er sich extra für ein bestimmtes Projekt beworben. Nur deshalb kam er als Überbetrieblicher zu Randstad. Ich war perplex, fragte daher direkt, ob er solch Zustände jetzt gut oder schlecht findet und ob es ihm Spaß macht, Untergebene zu bescheißen, denn so hätte ich das verstanden. Er meinte, dass Randstad intern trotz starken Drucks von oben eigentlich ein guter Arbeitgeber sei. Viele Disponenten wären zwar dem ständigen Ziehen und Zerren von oben (Management) und unten (Zeitarbeiter) dauerhaft nicht gewachsen, weshalb auch die Fluktuation bei Disponenten in Niederlassungen jährlich bei knapp 25 Prozent liege („Am Anfang sieht alles ganz toll und easy aus, aber nach einiger Zeit sind viele VDs nur noch darum bemüht, schnellstmöglich bei einem ihrer Kunden unterzukommen"), aber dafür könne man im Gegenzug sehr schnell in der Hierarchie aufsteigen. Außerdem erhalte man zweimal jährlich eine Gewinnbeteiligung, die sich am eigenen Ergebnis orientiert. „Das Unternehmen ist also eine Art von Strukturvertrieb, oder was?", fragte ich ihn. Das könne er zwar nicht bejahen, aber „Klar, Kundenakquise ist schon sehr wichtig bei uns; machen Disponenten ebenfalls". Er zählte mir jetzt all die Aufgaben auf, die ein Vertriebsdisponent zu erfüllen hätte, u.a. Mitarbeiter rekrutieren, Kunden gewinnen, Kunden betreuen, Mitarbeiter betreuen, Statistiken pflegen, Kollegen aushelfen etc. Um das alles auch zu packen, müsse man „Prioritäten setzen", d.h. alles was den Kunden betrifft, hat „immer, immer, immer Vorrang", denn der „bringe ja die Kohle rein". Ich fragte scheinheilig, ob denn nicht die Mitarbeiter draußen im Einsatz das Geld erwirtschaften, aber er lächelte nur mitleidig. „Wir haben einen Job und suchen dafür passendes Personal. Nicht umgekehrt", antwortete er vielsagend.

Was ich an diesem Abend verstand, war folgende Aussage: „Randstad ist nicht schlecht, weil die anderen nicht besser, meist schlimmer als wir sind“. Auf die Frage, ob man als Marktführer nicht eine Vorbildfunktion für die gesamte Branche hat, an dem sich Mitbewerber zwangsläufig orientieren, erntete ich nur einen mitleidigen „Du naiver Weltverbesserer“-Blick. Irgendwann war er so voll, dass nichts vernünftiges mehr über seine Lippen kam. Ich nahm mein Glas, ließ ihn stehen und verschwendete keinen Gedanken mehr an den Typen.

Chance

Meine Stärke ist das „Um-die-Ecke-denken", meine Schwäche wahrscheinlich alles darüber hinaus. Menschen, die mich kennen, sagen von mir, dass ich Probleme aus einem 360-Grad-Winkel betrachte, deshalb auch alles und jedem gegenüber Nachsicht üben kann, da es immer eine Sichtweise gibt, aus welcher das Handeln von Menschen einleuchtend ist. In Jura nennt man das „herrschende Meinung" und „Mindermeinung". Ist die Abweichung begründbar – und im Zweifel ist alles begründbar – kann man nicht mehr so einfach Dinge in Gut und Schlecht einteilen. So gesehen gibt es auch keine guten oder schlechten Menschen. Es gibt nur gute oder schlechte Entscheidungen.

Ich bin ein Mensch von fragwürdiger Moral – ich lege den Maßstab hierbei nicht allzu hoch. Trotzdem gibt es Dinge, die ich gut und nicht so gut finde. Was mir definitiv gegen den Strich geht, ist, wenn Menschen, deren moralischer Kompass dem meinen um so viel überlegen sein muss, schulterzuckend Teil eines Apparats werden, der denen, die es sowieso bereits schwer genug haben, nicht mal das gönnt, was ihnen zusteht. Die Logik der Entscheider ist nachvollziehbar: „Jeder Pfennig zählt; wo kein Kläger, da kein Richter; was kümmert mich die Not der gesichtslosen Masse?"
Die Logik der Umsetzer geht mir dagegen deutlich gegen den Strich: „Ich kann da nichts machen; ich habe meine Anweisungen; ich bin nur ein kleines Rädchen im Getriebe" - egal ob politische Vergangenheit oder wirtschaftliche Gegenwart, die Ausflüchte der ausführenden Ebene sind immer

dieselben. Keiner ist schuld, niemand kann etwas dafür. Der Druck ist immer namenlos, sein Ursprung verliert sich im undurchdringlichen Nebel ganz weit oben. Derjenige, der den Druck direkt zu spüren bekommt – der Betroffene an der Basis – kann dem Druck dagegen sehr wohl ein Gesicht zuordnen, nämlich das derjenigen Person, die den Befehl bzw. die Anweisung ausgeführt hat.

Ich sagte mir immer, ich schade mit meinem Verhalten nicht der Einzelperson, sondern nur der Gemeinschaft. Meine Mutter hielt dagegen, dass eine Gemeinschaft aus Einzelpersonen besteht, ich demnach immer auch dem Individuum schade. Falls dem so ist, gilt auch der Umkehrschluss: Wer als Teil einer Gemeinschaft einer Einzelperson schadet, schadet auch immer individuell der Einzelperson. Vor allem, wenn man für Verhalten durch Bonuszahlungen belohnt wird.

Sun Zu sagt: „Eine Spinnwebe zu heben, ist kein Beweis für große Kraft; Sonne und Mond zu sehen, ist kein Beweis für ein scharfes Auge; den Lärm des Donners zu hören, ist kein Beweis für ein gutes Ohr.“

Mein Jagdinstinkt war geweckt, mein Riecher sagte mir, dass ich auf etwas Großes gestoßen bin, das ich zu meinem Vorteil ausnutzen kann. Meine Gedanken waren zwar abgefahren, aber abgefahrene Ideen verfolgte ich schon immer mit besonderer Hingabe. Einige Zeit vorher hatte ich von den Unternehmen PayPal und BWIN ein stattliches Sümmchen Geld in meine Verwahrung gebracht. Der Gedanke dazu kam mir, nachdem ich einige Zeit Online-Glücksspiel – Sportwetten und Roulette - spielte und einen Großteil dessen, was ich zuvor gewann, umgehend wieder verlor. Ich war damals sauer, nicht wegen Geld, sondern aufgrund von Zeichen psychischer Abhängigkeit, die ich bei mir nach kurzer Zeit bereits feststellte. Ich spürte Druck, unbedingt weiterspielen zu wollen, bis ich wieder zu der Summe käme, die ich zuvor schon mal gewonnen hatte. Dann würde ich auf der Stelle aufhören, großes Indianerehrenwort. Da ich kurz zuvor bereits dieselbe Situation erlebte und damals – mit Erfolg – dem Verlangen nachgegeben hatte, war ich sehr versucht, dies zu wiederholen.

Ich selber halte mich für einen stabilen und wenig suchtgefährdeten Menschen. Ich rauche und trinke gerne, alles aber in Maßen. Gleichzeitig habe ich oft längere Phasen – Wochen bis Monate – in denen ich vollkommen abstinent lebe. Ich nenne das Freiheit, muss mich nicht für oder gegen etwas entscheiden, sondern mache das, wozu ich gerade Lust verspüre. Aber wenn schon ich bei Glücksspiel solch Symptome innerhalb kurzer Zeit entwickle, wie ergeht es dann erst Menschen, die sich nicht so gut im Griff haben, fragte ich mich.

Daraufhin setzte ich mich hin und las alles – wirklich jeden Mist, ob wichtig oder unwichtig, direkt oder indirekt zur Materie gehörend -, was ich zum Thema Online-Glücksspiel finden konnte und erfuhr, dass Online-Glücksspiel in Deutschland gar nicht erlaubt war. Die Konsequenz daraus war, dass, sollte mir der Glücksspiel-Anbieter die Gewinnauszahlung verweigern, ich keinen rechtlich durchsetzbaren Anspruch geltend machen könnte. Im Gegenteil: Ich müsste stattdessen befürchten, dass die Staatsanwaltschaft gegen mich wegen Teilnahme an unerlaubtem Glücksspiel (strafbar gemäß §285 StGB) Ermittlungen aufnimmt. Dass so etwas – Verweigerung der Gewinnauszahlung - wahrscheinlich niemals passiert, ist logisch, dadurch schießen sich Glücksspielanbieter selbst ins Knie; Glücksspiel basiert darauf, dass Spieler proportional gesehen mehr Geld durch Einsätze reinstecken als Casinos an Gewinn auszahlen. Man muss da nur an Roulette denken. Nehmen wir die einfachste Variante: Schwarz, Rot und Null. Es gibt 18 schwarze Felder, es gibt 18 rote Felder und eine grüne Null. Setzt man auf rot, hat man eine 49-prozentige Wahrscheinlichkeit, sein Geld zu verdoppeln. Die Bank dagegen hat eine 51-prozentige Wahrscheinlichkeit, den Spieleinsatz einzukassieren. Die Wahrscheinlichkeit ändert sich nicht. Jedes Mal, wenn es aufs Neue „Rien ne va plus" heißt, ist es dieselbe. Erschwerend kommt dazu, dass der Spieler nur endliches Geld, die Spielbank dagegen unendlich viel dagegen halten kann. Sie muss nämlich gar nicht soviel Geld bereithalten, wie an Tischen gesetzt wird. Es gilt das Prinzip der Giralgeldschöpfung. Glücksspiel heißt nicht ohne Grund Glücksspiel: Will ein Spieler bei einer Spielbank abräumen, bedarf es Umstände entgegen mathematischer Wahrscheinlichkeit. So was kann vorkommen – man nennt es „Glück" -, aber nur Idioten und Verzweifelte bauen ein Haus auf Treibsand.

Mein Grübeln über Logik und Wahrscheinlichkeit brachte mich auf die Idee des logischen Umkehrschluss: Wenn ich keinen Anspruch auf Gewinn habe, dann hat der Glücksspielanbieter genauso wenig Anspruch auf den Einsatz. Sein einziger Vorteil ist, dass er meinen Einsatz in der Hand hält, und wer das Geld in der Hand hat, sagt gerne „Ob Recht oder Unrecht – Du kriegst es nicht". Vor allem Unternehmen mit Sitz auf Offshore-Inseln und anderen liberalisierten Glücksspieloasen wie Gibraltar, Zypern und Malta würden in keinster Weise anders reagieren. Ich sah nur eine Möglichkeit; diese sprach ich mit befreundeten Juristen durch, die zwar meine Art des Denkens als sehr befremdlich einstuften, rein juristisch gesehen aber keine Einwände hatten, solange ich bestimmte Kriterien erfülle. Das wichtigste war, dass ich jetzt, da ich wusste, dass Online-Glücksspiel strafbar ist, keinesfalls weiterspielen durfte. Ansonsten würde mein bis dahin rechtlich gesehen einwandfreier Plan nach hinten losgehen und ich mich objektiv gesehen des Betrugs schuldig machen. Wollte ich auch nicht, denn gegen Gesetze verstoßen ist keine Kunst – genau das warf ich ja den Online-Casinos vor.

Daraufhin ließ ich alle meine Lastschriften bzgl. Wetten zurückgehen und holte mir mehr als sechstausend Euro vom Wettanbieter. Gleichzeitig schickte ich sowohl an BWIN als auch an die mit der Zahlungsabwicklung beauftragte PayPal Deutschland Briefe und Emails und informierte beide, dass ich meine Einsätze soeben durch die Bank zurückgeholt habe, da es keinen Rechtsanspruch seitens der Unternehmen auf den Wetteinsatz gibt. Gleichzeitig räumte ich aber diesen ein, dass ich genauso wenig Rechtsanspruch auf die von BWIN an mich ausbezahlten Gewinne habe und jederzeit bereit sei, diese an Paypal und BWIN umgehend zurück zu überweisen, sobald mir die Unternehmen schriftlich deren fehlenden Rechtsanspruch auf den Einsatz bestätigen. Da BWIN durch solch ein Eingeständnis den Eckpfeiler seines Geschäftskonzepts – Leute setzen in der Masse mehr Geld, als dass sie durch Gewinne zurückbekommen - zerstört hätte, warte ich noch heute auf Antwort und verwahre bis dahin deren Geld sicher auf einem Konto.

Geburt

Zurück in Greifswald fing ich damit an, alles zu lesen, was ich über Arbeitnehmerüberlassung, Zeitarbeit, Werkvertrag und so Zeugs finden konnte. Die subjektive Aussage eines besoffenen Insiders war zwar schön und gut, zur Sicherheit suchte ich aber trotzdem nach nüchterner Bestätigung.

Die wichtigste Frage für mich war, ob und wie solch ein System in unserem Rechtsstaat bestehen konnte. Die deutsche Justiz ist weitgehend unabhängig, Gesetzestexte natürlich abstrakt – von Juristen für Juristen geschrieben -, trotzdem aber vielfach durchdacht. Rechte und Regelungen schützen effektiv die Schwächsten der Gesellschaft vor Ausbeutung und Übervorteilung durch stärkere Marktteilnehmer.

Die Antwort fand ich – wie so oft – im menschlichen Verhalten selbst begründet. Viele Menschen sind obrigkeitshörig, sie glauben oft blind, was Höhergestellte ihnen sagen. Der Gedanke „Die da oben wissen schon, was zu tun ist" ist in vielen Köpfen fest verankert. Vor allem Gesetze und Tarifverträge sind meist komplexer Natur, sie bedürfen einer Übersetzung von juristisch ins deutsch. Diese im Sinne der Verfasser richtig auszulegen ist Aufgabe der Unternehmen und Gewerkschaften, welche hierfür extra Juristen in ihren Reihen beschäftigen. Juristen werden aber Texte im Zweifel immer im Interesse dessen interpretieren, wessen Brot sie essen. Gewerkschaften sind Arbeitnehmervereine, die Klientelpolitik betreiben. Das heißt, sie kümmern sich um Belange ihrer Mitglieder. Nur die wenigsten Zeitarbeiter verstehen das allerdings, glauben, dass sie sich Kosten der Mitgliedschaft sparen können, da Tarifverträge allgemeingültig sind und ihnen auch ohne Geldeinsatz zugute kommen.

Der Staat steht der Sache erst mal neutral gegenüber. Ist etwas faul im Staate Dänemark können Betroffene diesen jederzeit anrufen und eine gerichtliche Entscheidung verlangen. Ein Prozess kostet aber Geld, die Kosten können sehr schnell in die Tausende gehen, sofern man keinen Rechtsschutz besitzt, was viele der Schwächsten nicht besitzt. Dazu kommt, dass Rechtsanwälte von Haus aus weniger von Grundsatzentscheidungen und mehr von Beibehaltung des Status Quo – dem Vergleich – profitieren. Wird ein wegweisendes Urteil gefällt, ist eine Rechtsfrage geklärt, die Lücke geschlossen. Ein Anwalt verdient einmal Geld, alle nachfolgenden Juristen berufen sich auf das Urteil und können ihrem Mandanten weniger Gebühren in Rechnung stellen. Auf diese Weise – das fehlende Gerichtsurteil – kann man Standardschreiben vorproduzieren, die ähnlich einem Scheingefecht immer zur außergerichtlichen Einigung mit dem Unternehmen führen, wovon sowohl klagende Rechtsanwälte als auch beklagte Unternehmen am meisten profitieren. Denn nur wenige Betroffene beschreiten den Klageweg, die meisten Leute nehmen auch offensichtliches Unrecht leidklagend doch klaglos hin.

Kurz gesagt: Firmen verstoßen gegen Gesetze, die Arbeitnehmer können dagegen den zivilgerichtlichen Klageweg beschreiten. Wer das macht, wird unter Druck gesetzt. Zieht er es trotzdem durch, gibt es einen billigen Vergleich – das System ändert sich deshalb nicht, es lohnt sich zu sehr. Recht ist keine Frage der Gerechtigkeit, sondern von Kostenkalkulation.

Ich fand im Internet viele Foren, in denen Leiharbeiter ihr Leid klagten. Ich erfuhr aber auch, dass es von den Bundesverbänden für Zeitarbeit beauftragte Medienanwälte gibt, die solche Foren systematisch durchkämmen und Forenbetreiber schnell abmahnten, wenn kritische Stimmen zu laut wurden. Dasselbe Spiel betraf investigativen Journalismus. Die Redaktionen mussten jederzeit damit rechnen, von Zeitarbeitsanwälten mit Klagewellen und einstweiligen Verfügungen überzogen zu werden, sollten sie etwas berichten, was nicht absolut hieb- und stichfest, am besten noch durch zig Zeugen und tonnenweise Beweismittel abgesichert war. Und das bezüglich einer Branche, in der sich Arbeitnehmer sowieso schon in vielfacher Hinsicht ohnmächtig gegenüber der Obrigkeit fühlten. Keine Lobby, keine Gemeinschaft – jeder nur daran interessiert, sich selbst aus dem Hamsterrad Zeitarbeit in Richtung Festanstellung zu befreien, anstatt das Problem an der Wurzel zu packen und die Zeitarbeitsbranche gründlich zu reformieren.

Idee

Mein Lieblingsprofessor der Universität Greifswald sagt gerne: „Recht ist ein zweischneidiges Schwert. Rechtsunsicherheit wird immer auf Kosten von Rechtssicherheit erkauft". Ich hatte inzwischen einiges über Zeitarbeit in Erfahrung gebracht. Viele meiner Freunde vor Ort studieren Jura, wir sitzen fast jede Woche bei mir zuhause auf dem roten Sofa zusammen. Wir diskutierten das Thema, bis irgendwann das Unternehmen Hennes & Mauritz (H&M) und deren seit 1997 bestehender Ethik-Kodex zur Lieferantenkontrolle zur Sprache kam. H&M bekommt die meisten Klamotten seines Portfolios aus unabhängigen Textilfabriken in Bangladesh, Sri Lanka und anderen Drittwelt-Länder geliefert. Nach kritischer Berichterstattung westlicher Medien bezüglich katastrophaler Lohn- und Arbeitskonditionen bei H&M-Supplier entwarf der schwedische Konzern eine seine Vertragspartner zwingend verpflichtende Ethik-Richtlinie, die Mindeststandards bezüglich ethischer und sozialer Fragen vorschreibt. Wer dagegen verstößt, riskiert, dass H&M kurzfristig die Geschäftsbeziehung beendet. Umsatz geht verloren, die Lieferanten geraten in Schieflage und werden von den Schweden zusätzlich auf Schadensersatz verklagt – es muss schließlich auf die Schnelle eine Versorgungslücke geschlossen werden.

Der Ansatz, dass große Unternehmen anscheinend doch etwas gegen systematische Rechtsverstöße von Seiten der Lieferanten unternehmen können, wenn sie nur wollen bzw. dazu motiviert werden, ging mir nicht mehr aus dem Kopf. Ich stellte fest, dass viele Unternehmen eigene Ethik-Richtlinien hatten und von demher (zumindest theoretisch) ein Instrument zur Kontrolle von Lieferanten, in welcher Form auch immer – vorhanden ist. Ich müsste nur noch herausfinden, wie man Probleme der Verleiher ihren Kunden quasi „frisch geschlachtet auf dem Wohnzimmertisch" ausbreitet. Hilfreich erschien mir dabei, dass die Überwachung der Einhaltung von Ethik-Kodizes verpflichtend für verantwortliche Manager sowohl auf Verleiher- als auch Entleiherseite ist, die für alle Beteiligten rechtliche Konsequenzen nach sich ziehen können. Dem Lieferanten droht Beendigung der gemeinsamen Geschäftsbeziehung, den auf Entleiherseite verantwortlichen Managern dagegen Kündigung und Geltendmachung von Schadensersatz aufgrund schwerwiegender Pflichtverletzungen.

Plan

Ein Heist zeichnet sich dadurch aus, dass Planung, Vorbereitung und Durchführung des spektakulären Bruchs ausführlich dokumentiert werden.

Mein Heist sah wie folgt aus: Ich würde bis auf weiteres exmatrikulieren und bei Randstad anheuern. Ich würde einen Zwei-Fronten-Krieg zwischen Verleiher und Entleiher initiieren, beide dabei gegeneinander ausspielen, sodass natürliche Verbündete den Weg der Konfrontation anstelle von Kooperation wählen. Schwierig sollte das nicht sein – welch etablierter Konzern rühmte sich nach außen der Zusammenarbeit mit Schmuddelkindern aus Zeitarbeit? Ich fand auf keiner Entleiher-Homepage Hinweise darauf, mit welchen Zeitarbeitsfirmen diese zusammenarbeiten. Umgekehrt war es genauso, wobei deren PR-Abteilungen sicher nichts lieber als das gemacht hätten – was ist besser fürs Zeitarbeitsimage als das offene Bekenntnis derer, die zum Kundenstamm gehören?

Ich würde den Verleiher infiltrieren, mich sechs Monate lang unersetzlich machen, Spione anwerben, Beweismittel sichern und eine Präsentation erstellen, die an Krassheit in Form von Humor und Ernsthaftigkeit nicht zu überbieten war. Gleichzeitig würde ich Gewerkschaft, Gesellschaft und Politik mit ins Boot holen, damit dauerhaft Druck für die betroffenen Unternehmen entsteht. Alle Initiativen würde ich voller Inbrunst und Ernsthaftigkeit starten, immer im Vertrauen darauf, dass das System zu behäbig und der Einfluss meiner Kontrahenten zu groß ist, um ernsthaft Schaden nach außen zu verursachen. Der entstehende Druck wäre bestenfalls ausreichend, um Unternehmen zu Umbaumaßnahmen zu bewegen und dadurch diese glauben zu machen, mit einem blauen Auge aus der Sache herauszukommen.

Zusätzlich spekulierte ich auf Unternehmenstypische Gegenmaßnahmen gegen mich, um mich zu bedrohen, einzuschüchtern und mundtot zu machen.

Daraufhin würde ich mit Hinblick auf die Betriebsratswahlen 2014 eine Randstad-interne Revolution in Gang setzen, die vom Unternehmen nur durch die Vorstandsentscheidung, mein Schweigen mit einem Millionenbetrag teuer zu erkaufen, verhindert werden könnte. Daraufhin würde ich einen spektakulären Abgang, bestenfalls über die Politik, hinlegen und – sofern wir uns nicht geeinigt oder das Unternehmen sträflicherweise auf einen umfangreichen NCNDA mit mir verzichtet hätte – das einzig noch fehlende Baustein zum perfekten Masterplan in Händen halten…

Das waren die Grundzüge des Heists. Jetzt galt es nur noch, diesen Stück für Stück umzusetzen - leichter gesagt als getan.

Vorbereitung

Zum Gelingen meines Plans musste ich unbedingt in der Metall- und Elektroindustrie eingesetzt werden. Zu jener Zeit wurden Branchenzuschläge zwischen Zeitarbeitgeberverbänden und der DGB-Tarifgemeinschaft Zeitarbeit verhandelt. Leihkräfte in Metall- und Elektroindustrie sollten definitiv zu den Gewinnern gehören. Die angestrebten Regelungen versprachen erhebliche Lohnsteigerungen und sollten eine Pflicht auf Übernahmeangebot für Leiharbeitnehmer durch Kunden nach 18 bzw. 24 Monaten beinhalten. In einschlägigen Foren wurde wild darüber diskutiert, vor allem gab es vielerlei Spekulation, durch welche Kunstgriffe Arbeitgeber das zu unterlaufen versuchen könnten. Ich ging davon aus, dass die Großen der Metall- und Elektroindustrie das geschickt genug umsetzen, sodass ich keinen Hebelansatz finde.

Die Auswahl meines zweiten Gegenspielers, der französische Automobilkonzern Valeo - besser gesagt dessen Tochterunternehmen Valeo Schalter und Sensoren GmbH -, erfolgte rein zufällig. Ich kannte Valeo seit meiner Kindheit. Meine Großeltern mütterlicherseits hatten beide für den Konzern gearbeitet – wie so ziemlich alle Ende der Siebziger Jahre emigrierten Russlanddeutschen im Großraum Bietigheim-Bissingen. Damals hieß die Firma noch SWF - Auto Electric GmbH. Diese wurde von den Franzosen aufgekauft und im Sinne von „Corporate Identity" auf den Mutterkonzern-Namen „Valeo" (lat. „Mir geht's gut") unbenannt.

Ich hatte vielerlei Randstad-Stellenangebote in Erwägung gezogen, der „namhafte Automobilzulieferkonzern mit Sitz in Bietigheim-Bissingen" machte aber aus vielerlei Gründen das Rennen. Erstens fand ich ohne Probleme deren firmeninterne Ethik-Richtlinie im Internet. Valeos Anforderungen an den Lieferanten sind sehr umfangreich, umfassen unter anderem auch richtiges Eingruppieren der beim Lieferanten Beschäftigten. Aus dem Gespräch und den Recherchen wusste ich, dass Randstad die Mitarbeiter immer so niedrig wie möglich eingruppiert, um im Fall von Krankheit, Urlaub oder sonstiger Zeit, die Überbetriebliche Mitarbeiter nicht im Einsatz sind, Unternehmenskosten so gering wie möglich zu halten. Zweitens entsprach die Firma von Größe und Struktur den Vorgaben, die ich als notwendig erachtete. Auch die französische Herkunft sah ich als positiv an – ich spekulierte auf den Paypal-Effekt, dass vom Ausland aus über deutsche Rechtsfragen entschieden wird. Beim Internet-Bezahldienst wurden diese Entscheidungen in Dublin getroffen, vielleicht machten die Franzosen ja dasselbe von Paris aus.

Wichtigstes Argument aber waren die achthundert Meter Fußweg von der Betriebsstätte bis zur Wohnung meiner Mutter. Ich wollte auf eine eigene Unterkunft verzichten. Solange meine Anwesenheit vor Ort in Bietigheim-Bissingen erforderlich war, lebte ich sporadisch auf der Couch. Der Umstand an sich – das provisorische Leben in Mutters Wohnzimmer – sollte helfen, dass ich nicht unnötig kleckere sondern klotze, um so schnell wie möglich von dort wegzukommen. Zuviel Bequemlichkeit verleitet zu Behäbigkeit – und Behäbigkeit führt nicht zu Erfolg. Bis auf weiteres würde ich mein komplettes Leben dem Erfolg der Sache unterordnen.

Ich beriet mich ein letztes Mal mit meiner mongolischen Lebensgefährtin Bora. Wir gingen nochmals Pro und Contra durch. Sie ist meinen Wahnsinn leidlich gewöhnt, fand meinen Plan auch „komplett schräg und bescheuert", aber ihr Bauchgefühl sagte, dass ich es trotzdem versuchen sollte. Der notwendige Aufwand sei eine akzeptable Investition in Hinsicht auf den möglichen Ertrag. Ich würde zwar ordentlich für 'negative Vibrations' sorgen und mich einem Sturm entgegenstellen, aber Leben ohne Mut zum Risiko ist langweilig und genau deswegen liebe sie mich ja: Verrückt, verrückter, Walter!

Nach Abschluss erster Vorbereitungen bewarb ich mich daraufhin im Mai 2012 mit folgendem Anschreiben auf die von Randstad beim „namhaften Kunden" offerierte Stelle als Testfahrer:

Sehr geehrte Frau xy,

man ist glücklich vergeben, wenn man lieber heimkommt als fortgeht. Man ist glücklich berufstätig, wenn man lieber zur Arbeit kommt als heimgeht. Beides vereint ist die pure Zufriedenheit und hierzu fehlt mir noch Ihr offerierter Arbeitsplatz als Testfahrer in der Automobilindustrie. Nach meiner Ausbildung zum Bürokaufmann absolvierte ich den Diplomstudiengang der Betriebswirtschaftslehre bis zum Abschluss des fünften Semesters und beendete dieses aufgrund verständlicher persönlicher Gründe vorzeitig.

Ob ich wortwörtlich Benzin im Blut habe, mag dahingestellt sein, allerdings fahre ich brillen- und punktelos seit dreizehn Jahren, beherrsche drei Fremdsprachen, freue mich darauf, mit einem tollen Team die Welt kennen zu lernen und habe an der Universität strukturiert zu Denken gelernt, werde also sehr schnell noch unbekannte Computerprogramme beherrschen.

Ich freue mich auf unser Kennenlernen und verbleibe

Bereits wenige Tage später wurde ich zum persönlichen Vorstellungsgespräch in die Niederlassung Ludwigsburg eingeladen. Man war von meiner gesamten Bewerbung begeistert, bot mir gleichzeitig als Alternative zu Valeo eine Karriere als Randstad-Vertriebsdisponent an, was ich aber höflich ablehnte. Von innen heraus zu operieren hätte zwar durchaus Vorteile, ich könnte aber meine Idee mit dem Zwei-Fronten-Krieg vergessen und hätte kein unmittelbar „berechtigtes Interesse" vorzuweisen, weil nicht ich, sondern Dritte – am Ende noch durch mich - beschissen werden.

Das Vorstellungsgespräch beim Kunden Valeo vor Ort in Bietigheim war Peanuts für mich, sodass ich zum 11.06.2012 hin Mitglied der Randstad-Familie wurde und meinen ersten Tag als Testfahrer angehen konnte.

Werde unersetzlich

Die Valeo Gruppe ist ein französischer Automobilzulieferkonzern mit 73.000 Mitarbeiter weltweit. Gegründet wurde sie vor 91 Jahren. In Deutschland arbeiten direkt oder indirekt mehr als 5.000 Menschen für die Valeo Gruppe. Der Gesamtkonzern ist börsennotiert; er machte im Jahr 2013 einen Umsatz in Höhe von knapp zwölf Milliarden Euro. Mein Arbeitsplatz war die Valeo Schalter und Sensoren GmbH in Bietigheim-Bissingen. Diese beschäftigt 1.800 Mitarbeiter, davon sechshundert in Forschung und Entwicklung in Bietigheim, den Rest in der Produktion im bayerischen Wemding. Der Umsatz 2013 betrug knapp 600 Millionen Euro. Gewinne hat Valeo Bietigheim bilanztechnisch noch nie erwirtschaftet – jeder Cent wird in den Konzernpott nach Frankreich überwiesen.

Als ich bei Valeo anfing, waren die Randstad-Mitarbeiter im Hause noch reguläre Leiharbeiter gemäß dem Arbeitnehmerüberlassungsgesetz, d.h. interne Valeo-Mitarbeiter durften Randstädtern sagen, was Sache ist. Das war auch bitter nötig, da ich, der „gescheiterte Student mit abgeschlossener Ausbildung", die höchste Bildung der Leiharbeitsriege vorweisen konnte. Die Valeo-Vorgesetzten dagegen waren meist Akademiker mit abgeschlossenem Ingenieursstudium – kein Fehler, will man in der Fahrzeugentwicklung was reißen.

Die Aufgabe meines Teams umfasste die Entwicklung eines Frontkamerasystems für Lichtautomatik, Verkehrszeichenerkennung und Spurhalte-Assistent für den im Mai 2014 auf dem Pariser Autosalon vorgestellten neuen

Renault Espace. Die Arbeit sah so aus, dass interne und externe Ingenieure im Auftrag Valeos Kamerasoftware entwickelten, um diese für Renault massenkompatibel zu machen. Die Software an sich gab es bereits serienreif in deutschen Premium-Automobilen, allerdings wollten die Franzosen die Technik künftig in ihren Brot-und-Butter-Autos verwenden, wofür andere Kriterien wichtig waren. Das System musste vor allem robust und günstig sein, dafür braucht es nicht höchsten Ansprüchen genügen. Es reicht aus, wenn die Technik einigermaßen solide funktioniert.

Manche Randstad-Kollegen arbeiteten bereits seit drei Jahren im Hause Valeo – sie waren an der Entwicklung eines Vorläufer-System für den Renault Megane beteiligt. Dieses blendete Fernlicht automatisch auf und ab und funktionierte recht gut; nur selten wurde Gegenverkehr von der Kamera nicht erkannt und entgegenkommende Fahrer durch Fernlicht geblendet. Die erweiterte Funktion der Verkehrszeichenerkennung basiert auf der Theorie, dass keine Navigationskarte jemals aktuell genug ist, um mit jeder Baustelle und dazugehörigen temporären Geschwindigkeitsänderungen Schritt zu halten. Hätte man eine Kamera, die Schilder in Echtzeit erkennt und kombiniert diese mit Kartenmaterial des Navigationssystems, könnte das Fahrzeug den Führer immer up-to-date über Änderungen der Strecke informieren. Das zu bewerkstelligen war leichter gesagt als getan. Die ganze Entwicklung lief nach dem „try and error"-Prinzip. Die Testfahrer erfüllten hierbei die Aufgabe, vorgenommene Softwareänderungen praktisch zu testen – in unserem Fall auf ausgewählten Teststrecken in Bietigheims näherer Umgebung. Diese Teststrecken waren keine abgesteckten Areale, vergleichbar einem Verkehrsübungsplatz, sondern öffentliche Straßen, die immer wieder abgefahren wurden, um Unterschiede bezüglich Reflexions- und Fahrbahnerkennung im Vergleich zu vorheriger Softwarekonfiguration festzustellen. Waren die erzielten Ergebnisse besser als zuvor, baute man darauf auf, waren sie schlechter, hieß es zurück ans Zeichenbrett und neuer Versuch. In den Fahrzeugen waren ein bis drei kleine Kameras an der Windschutzscheibe platziert – schlichte Modelle mit geringer Auflösung aus industrieller Massenproduktion, die bereits im VGA-Grafikzeitalter als überholt galten. Das Videomaterial wurde an Laptops auf dem Beifahrersitz weitergeleitet und auf portablen Festplatten gespeichert. Nach jeder Fahrt brachten wir diese den Ingenieuren bzw. Randstad-zugehörigen Datenauswertern, die nichts anderes machten, als den ganzen Tag Videos anzuschauen und festzustellen, ob Lichtreflexionen bzw. Geschwindigkeits-Verkehrsschilder richtig erkannt wurden; aufregende Arbeit sieht anders aus.

Anfangs durfte ich nicht fahren. Es dauerte mehr als fünf Wochen, bis alle notwendigen Untersuchungen, Fahrsicherheitstests und Einweisungen vorlagen. In dieser Zeit saß ich ausschließlich im Büro und stopfte mir alles rein, was es zum Thema Fahrzeugentwicklung zu lesen gab. Ich wusste bis dahin rein gar nichts von Elektronik, Schaltkreisen und Netzwerksystemen, plante das aber innerhalb kürzester Zeit zu ändern. Meine Kollegen machten sich nicht die Mühe. Sie begnügten sich damit zu wissen, wann man wo welchen Knopf drücken muss. Auf meine Frage warum das keinen interessiere, antworteten sie mir schulterzuckend „Wozu? Braucht man nicht. Bringt nicht mehr Geld". Ich aber wollte verstehen, warum man wann welchen Knopf drückt, was wann und wieso schief gehen kann und wie man dem entweder vorbeugt oder darauf richtig reagiert. Ich nutzte meine Arbeitszeit voll aus und schrieb unzählige Zusammenfassungen über das Thema, wobei ich versuchte, das Ganze für jedermann verständlich zu formulieren – übersetzt von technisch zu deutsch. Nachdem ich einen gewissen Überblick über die technische Materie hatte, ging ich dazu über, mich mit Straßenverkehrs- und Straßenverkehrszulassungsgesetzen zu beschäftigen. Anfangs nur auf Deutschland bezogen, später auch speziell für europäische Nachbarländer. Ich arbeitete aus, welche Regeln in welchem Land gelten, was zu beachten gilt und auf welcher theoretischen Grundlage diese basieren. In Belgien zum Beispiel ist Berufskraftfahrern das Rauchen im Fahrzeug untersagt. Grund dafür ist das belgische Rauchen-am-Arbeitsplatz-Verbot. Da das Auto des Berufskraftfahrers Arbeitsplatz ist, darf dieser dort folgerichtig nicht rauchen. Ein anderes Beispiel war für Valeo brandaktuell: Kollegen von mir hatten eine Testfahrt in Spanien durchgeführt und wurden von der 'Guardia Civil' gestoppt. Die Polizeibeamten forderten umgehend den Abbau sämtlicher Computer vom Beifahrersitz. Unter meinen Kollegen und Vorgesetzten herrschte deshalb große Aufregung, der Hühnerstall war in Bewegung geraten. Dabei war das Verhalten der Spanier logisch erklärbar: Das iberische Straßenverkehrsgesetz verbietet Bildschirme im Frontbereich, die den Fahrzeugführer vom Straßenverkehr ablenken. Laptops auf dem Beifahrersitz lenken den Fahrer ab, deswegen die Forderung nach Demontage. Daraufhin gab ich die schriftliche Empfehlung, explizit für Testfahrten in Spanien den Beifahrersitz zu entfernen und auf der freiliegenden Fläche Laptophalterungen einzubauen, damit die Rechner von hinten bedient werden können; für Auslandsfahrten war firmenintern sowieso zwingend vorgeschrieben, dass zwei Testfahrer an Bord sein müssen.

Ich beherrsche drei Fremdsprachen, lerne inzwischen mit schwedisch sogar eine vierte. Vor allem lesen und schreiben stellt in niederländisch, englisch und französisch kein Problem dar - meine „Transporter"-Tätigkeit lässt grüßen. Daher konnte ich für viele Länder Originalquellen in Landessprache verwenden. Für andere Länder wurde ich in der juristischen Fachbibliothek der Universität Greifswald fündig. Dort liegt zum Beispiel spanisches Verkehrsrecht in deutscher Übersetzung vor.

Sowohl den Randstad- als auch Valeo-Kollegen war meine Art des Arbeitens nicht geheuer. Viele verstanden nicht, warum ich so detailversessen war und viel Augenmerk auf anscheinend unnützes Zeug legte. Mehr Geld gäbe es sowieso nicht, ob ich so viel wisse oder nicht. Die Regeln hinsichtlich Entlohnung waren klar: Es gab drei Gehaltsstufen – 10, 12,50 und 15 Euro pro Stunde. Um eine Gehaltsstufe aufzusteigen musste man verschiedene Tätigkeiten beherrschen, für Stufe Zwei waren 9 Monate, für die dritte 18 Monate Einarbeitung vorgesehen. Ich brauchte für die zweite Stufe acht Wochen, für die dritte knapp sechs Monate – hatte damit das interne Gehaltstreppchen in Rekordzeit erklommen.

Ich erklärte niemandem meine Motivation, sah darin keinen Sinn. Die Leute befanden sich auf Arbeit, ich dagegen auf einer Mission. Ich sagte nur „So bin ich halt, ich kann nicht anders", und damit war das Thema beendet. Meine Vorgesetzten allerdings erkannten den Vorteil meiner Arbeit: Viele Probleme im Entwicklungsalltag entstehen aufgrund Kleinigkeiten, die mit einer Mischung aus technischem Grundverständnis und logischem Denken auch ohne Einbringung teurer Ingenieursarbeitszeit gelöst werden können; es kommt das Unternehmen erheblich günstiger, einen Billigheimer wie mich als vorgeschaltete Schnittstelle bei Schwierigkeiten einzusetzen. Finde ich keine Lösung, kann man noch immer Ingenieure beauftragen. Oftmals lagen Probleme einfachster Art vor, zum Beispiel nicht verbundene Kabel, ein fehlerhaft angelegtes Speicherverzeichnis oder ein Software-Plugin, welches zu aktivieren vergessen wurde – Ingenieure würden genauso strukturiert wie ich erst mal Lappalien prüfen, bevor technisches Spezialwissen notwendig war. Mein Stundensatz betrug knapp ¼ der Ingenieurskosten. Diese Leute hatten besseres zu tun als Dummereien nachzujagen, nämlich Software zu entwickeln. Valeo nahm daher mein Angebot dankend an.

Normalerweise halfen Testfahrer ohne Fahrauftrag in der langweiligen Datenauswertung mit, aber Valeo gestattete mir, von dieser Routine abzuweichen. Ich konnte mich sehr gut alleine beschäftigen und die daraus hervorgehenden Resultate waren für das Unternehmen vielfach wertvoller als wenn ich ebenfalls stupide auf „Schild erkannt" oder „Schild nicht erkannt" beim Videomaterial durchforsten geklickt hätte. Ich fand immer neue Bereiche, in die ich mich einlas und worüber ich Protokolle, Berichte und Anweisungen zu Papier brachte. Bald wusste niemand mehr, was ich überhaupt mache und ob ich wirklich nur als Testfahrer eingestellt bin, da ich zu Gott und der Welt schriftlich meinen Senf abgab.

Den Job, wofür ich eingestellt wurde, die Testfahrerei, verlor ich trotzdem nicht aus den Augen. Ich leistete wie besessen Überstunden; anstelle meiner vertraglich vereinbarten 35 Wochenstunden arbeitete ich regelmäßig 50 bis 60 Stunden und, hätte mich das Arbeitszeitengesetz nicht ausgebremst, wären locker noch mehr zusammengekommen. So arbeitete ich in meiner Freizeit an meinem Hintergrundwissen weiter. Zeit für Entspannung und Privatleben würde ich noch früh genug haben, bis dahin galt des Panzeradmirals Devise „Nicht Kleckern, sondern Klotzen".

Die ersten sechs Monaten wandte ich kaum eine Sekunde für mein Projekt auf. Ich entwickelte mich zum unentbehrlichen Tausendsassa, der bei allem – egal ob deutsch-französischen Übersetzungen technischer Texte, Straßenverkehrsrechtsfragen oder Organisation kompletter Testfahrten ins In- und Ausland – zu Rate gezogen wurde. Ich leistete in dieser Phase mühevolle Vorarbeit, damit ich später – sobald das Feuerwerk beginnt – bei vielen Aufgaben zeitsparend Vorlagen ausfüllen bzw. die F5-Taste drücken kann, um mein Tagesgeschäft abseits der Fahrerei mal eben kurz aus dem Ärmel zu schütteln.

Spione anwerben („Das Bier entscheidet")

Meine konspirative Tätigkeit begann ganz harmlos: Ich ging Stück für Stück mit der halben Firma – vom Wachmann bis zum Entwicklungsmanager – nach Feierabend einen trinken, denn „Das Bier entscheidet". Kann man Bier als Waffe benutzen? Angus McGyver konnte mit Filzstift, Radiergummi und Schweizer Taschenmesser Tränengasgranaten zusammenbauen - warum sollte da Bier nicht ebenfalls waffentauglich sein? Ob Mann oder Frau – wenn Bier an richtiger Stelle fließt, lässt das auf Dauer sämtliche Schutzdämme einreißen.

Ich hatte mir einen Ruf als fleißiger Freak und Sonderling erarbeitet, der alleine denkt und eine eigene Meinung hat. Ich machte Leute neugierig, da man nie wusste, was ich als nächstes auf Lager habe. Unser Großraumbüro besaß keine Klimaanlage, trotzdem kam selbst bei größter Hitze jedermann mit langen Hosen ins Büro. Ich besorgte mir die Hausordnung, warf einen Blick auf Kleidungsvorschriften, fand nichts – am folgenden Tag saß ich mit Shorts und Badelatschen am Tisch und sah langjährigen Kollegen beim Schwitzen zu. Nachdem ich den Anfang gemacht hatte, vervielfachte sich in kürzester Zeit legere Mode an heißen Tagen – Menschen sind so wunderbare Herdentiere.

Oftmals sind die Kleinigkeiten entscheidend, ob Menschen Dich mögen oder nicht mögen. Als komischer Vogel Vertrauen gewinnen ist nicht leicht. Ich behalf mir des Tricks, herumstehendes Geschirr ungefragt abzuräumen, vor allem den Geringsten in unserer Mitte – Küchen- und Reinigungspersonal – mit Hochachtung entgegenzutreten und mein Umfeld mit lustigen Anekdoten über alles, was bei mir schiefgeht, zu unterhalten. Es mag zwar sein, dass jeder auf Gewinnertypen steht, aber Nähe entsteht nur durch offenes Bekenntnis zur Schwäche. Wer auf andere vollkommen wirkt, konfrontiert diese mit ihrer eigenen Unvollkommenheit und provoziert Missgunst. Besser vermeiden.

Ich lud für mich wichtige Leute nach und nach auf Leo's berüchtigtes Feierabendbier ein. Ich nervte die Menschen so lange damit, bis sie schließlich nachgaben und mich auf ein Gläschen Gerstensaft in Bars, Biergärten oder Kneipen begleiteten. Bei manchen ging ich subtiler vor, brachte diesen einfach von jeder Auslandsfahrt Bier aus dem bereisten Land mit. Das kam mich obendrein deutlich billiger als Leute durch Bietigheims Kneipen zu kutschieren, kosten doch vier Flaschen ausländisches Bier in etwa dasselbe wie ein Glas Gezapftes in der Kneipe. Und da es dort von Haus aus niemals bei nur einem Gläschen verblieb, stieg ich irgendwann komplett auf exotische Mitbringsel um. Von jeder Fahrt brachte ich vierzig bis hundert Fläschchen mit, die ich fleißig unter zurückgebliebenen Kollegen und Vorgesetzten verteilte.

Die meisten Unternehmen haben Anti-Korruptions-Richtlinien. Diese verbieten Mitarbeitern die Annahme von Geschenken ab wenigen Euro Wert. Vier französische 0,2 Liter-Fläschchen Bier kosten zusammen keinen Euro – da sagten die Leute von sich aus, dass so eine bescheidene Geste gegen keine Richtlinie verstoßen kann. Stattdessen nahmen die Menschen Anteil an mir und meinen Auslandsfahrten, tranken das fremde Gebräu, während ich ausführlich von Missgeschicken berichtete, die mir dort widerfahren sind. Meine allererste Auslandsfahrt gibt ein tolles Beispiel dafür ab: Diese führte mich zusammen mit meiner Kollegin Katharina nach Österreich, eines meiner Lieblingsnachbarländer. Ob Mozart, Money Boy oder HC Strache – die Österreicher haben lauter spannende Persönlichkeiten am Start, über die man trefflich streiten kann. Die Testfahrt war auf vier Tage ausgelegt, sollte von Bregenz über Innsbruck nach Graz und wieder zurück führen. Die Abfahrt in Bietigheim-Bissingen verzögerte sich unendlich, da die Ingenieure auf die Schnelle mal wieder ein neues Tool erfanden, welches wir unterwegs testen sollten. „Auf die Schnelle was entwickeln" gab es bei Valeo allerdings nicht. War Software fast fertig, aber Mittagspause angesagt, mussten wir warten, bis die Leute vom Essen zurückkehrten. Erst dann konnte der Sache letzter Schliff verpasst werden. In solchen Fällen saßen Testfahrer nach Abschluss ihrer Vorbereitung untätig herum und starrten Löcher in die Luft. Ich allerdings hatte auch dann immer genug zu tun, schrieb einfach an unfertigen Berichten und Betriebsanweisungen weiter und hatte weder fürs Essen gehen noch andere Entspannungsübungen Zeit. Unsere Abfahrt nach Österreich fand mit fünf Stunden Verspätung statt. Gegessen hatte ich bislang nichts. Ich wollte das bei Ankunft im österreichischen Zielhotel nachholen, bekam aber hundert Kilometer vorher – in Innsbruck – eine Heißhungerattacke. Es war bereits stockdunkel und meine Kollegin Katharina gehörte nicht gerade der ausgesprochen mutigen Menschengattung an. Ich wollte sie nur kurz alleine im Fahrzeug zurücklassen und mal eben zu McDonalds rennen, aber sie hatte arge Bedenken, dass sie - so ganz alleine - überfallen und mitsamt Auto und Inhalt entführt werden könnte. Sie nörgelte so lange herum, bis ich mich bereiterklärte, auf Mahlzeit zu verzichten und weiterzufahren. Mein Magen knurrte sehr. Als Lückenfüller bot sie mir eine Banane an, die ich gedankenlos ergriff und schnell runter würgte. Ich mag Bananen sehr. Leider reagiere ich seit einigen Jahren auf irgendein Bananenenzym allergisch; ich bekomme Bauchkrämpfe und verspüre starkes Würgegefühl. Allerdings vergesse ich das regelmäßig. Katharina ist bereits über 50, sie sieht nachts nicht mehr so gut, bevorzugt deshalb bei Dunkelheit und Starkregen, dass andere das Steuer übernehmen. Ich war vollauf damit beschäftigt, mich nicht sofort zu übergeben, an Fahren war nicht zu denken. Da krachte es über uns und plötzlich ging ein Wolkenschauer über Tirol nieder, der sich wortwörtlich gewaschen hatte. Katharina musste deshalb wohl oder übel ans Steuer und eine Stunde lang bei stärkstem Sturm durch dunkelste Provinz fahren, bis wir am Fuß der Silvretta-Hochalpenstraße in Galtür ankamen, wo ich die Übernachtung gebucht hatte. Ich konnte kaum noch stehen, als wir das Hotel betraten, wünschte mir nichts sehnlicher als Kloschüssel und Einsamkeit, um mich zusammen zu kauern und dem Schicksal - oder was sonst alles in mir von drinnen nach draußen drängte – freien Lauf zu lassen. Leider hatte der Gastwirt was dagegen; erst trödelte er ewig herum, dann kam er auf die grandiose Idee, uns in ein ellenlanges Gespräch zu verwickeln, nachdem Katharina unbedacht äußerte, dass wir Testfahrer im Auftrag des Herrn seien. Und ich starb tausend Tode…

Solche und ähnliche Geschichten brachte ich von jeder Fahrt mit nach Hause. In Paris wurde ich irrtümlich für einen türkischen Basketball-Nationalspieler gehalten; ich trug eine knallrote TÜRKYE-Jacke, die ich zuvor bei Ebay erstanden hatte und anscheinend offizielle Spielerkleidung der türkischen Nationalmannschaft war. Ein türkischstämmiger Franzose sprach mich an, er konnte selbst kein einziges Wort türkisch, und ich musste diesem daraufhin ein Autogramm geben und für ein gemeinsames Foto posieren, das seine Freundin von uns beiden schoss. Ebenfalls in Paris geschah, dass eine arabische Straßengang meinen Kollegen Steffen und mich in der Nähe des Eiffelturms anpöbelte und auszurauben versuchte; wir saßen dort und gossen uns Champagner hinter die Binde. An dieser Stelle kam meine Vergangenheit zum Tragen – in Lüttich leben härtet ab -, wusste ich doch, wie solche Spielchen funktionierten. Es bestand zwar die Möglichkeit, gleich ordentlich aufs Maul zu bekommen, aber ich baute darauf, dass Unverschämtheit siegt und ein alter Wolf junge Füchse aus dem Banlieue beeindrucken kann. Ich baute mich mit meinen zwei Metern Körpergröße vor dem Rädelsführer auf, sagte, dass wir keinerlei Kohle aber Mordslust auf Action hätten, griff nach dessen Wodkaflasche, nahm einen tiefen Schluck daraus und grinste ihn an. Die Jungs fanden das cool und nahmen uns kurzerhand in ihrer Gruppe auf, um uns das Paris der Straße zu zeigen. So zogen wir los, schreckten gemeinsam Touristen auf und verhinderten nebenbei, dass irgendjemand beklaut oder ausgeraubt wurde. Denn tatsächlich waren die Jungs mehr darauf aus, vor Girls das Image des harten Kerls zu pflegen als tatsächlich jemand ernsthaft abzurippen. Wer sich einschüchtern ließ, war selbst dran schuld.

Bescheuerte Geschichten und Bier aus aller Herren Ländern waren immer höchst willkommen bei Daheimgebliebenen. Brachte ich österreichisches

Ottakringer, belgisches Stella Artois, spanisches Estrella Damm oder französisches Kronenbourg zusammen mit haarsträubenden Geschichten mit, fühlten sich diese, als ob sie vor Ort mit dabei gewesen wären.

Es waren ja auch selten dämliche Missgeschicke, die mir widerfuhren: Im französischen Ghetto bei offenem Kofferraum und Beifahrertür einkaufen gegangen und nichts wurde gestohlen? Check! Tausend Kilometer Anreise zu einem Ingenieur, der mit Hinweis darauf, dass er laut Arbeitsvertrag von Mitternacht bis vier Uhr nicht arbeiten darf, deshalb unsere gemeinsame Nachtfahrt platzen lässt und mich unverrichteter Dinge zurück nach Deutschland schickt? Check!

Die Leute nahmen in diesem Augenblick teil an der großen Welt. Im Gegenzug erzählte man mir sämtlichen Tratsch und Klatsch aus der breitgefächerten Valeo-Welt. Ich erfuhr von alten Skandalen, neuen Allianzen, über Charakter, Hobbies, Einstellungen und natürlich auch allen Konflikten innerhalb der Unternehmensführung. Gab es eine heimliche Romanze zwischen Boss und Angestellter?

Ich erfuhr zeitnah alles, was ich wissen musste, nichts blieb mir verborgen. Auch sogenannte „vertrauliche Unternehmensdaten" bezüglich strategischer Unternehmensentscheidungen, fragwürdigen Abmachungen und Begebenheiten entgegen interner Richtlinien – zum Beispiel, dass Verantwortliche im Valeo-Einkauf den Randstad-Vertrag ohne zwingend vorgeschriebene Ausschreibung eigenmächtig verlängert hatten – wurden mir zuteil. Je größer ein Unternehmen ist, desto offener und offensichtlicher wird mit Geheimnissen umgegangen. Es gibt immer einen, der seinen

Mund nicht halten kann und einem anderen „im Vertrauen, aber nur Dir" Informationen zusteckt. Menschen erzählen viel, wenn der Tag lang ist – vor allem in Großraumbüros. Vielen ist oft gar nicht bewusst, dass sie Geheimnisse verraten, da ihnen der Blick aufs große Ganze fehlt, einzelne Informationen an sich auch gar nichts ins Gewicht fallen. Dort, wo Geschwätz und Informationen innerhalb des mir frei zugänglichen Systems nicht weiterhalfen, setzte ich auf mein Bier-Netzwerk und Googles Suchmaschine, um den letzten Schliff zu erhalten. Als externer Randstädter hatte ich selber nur begrenzten Zugriff auf das Unternehmens-Netzwerk, letztendlich war aber nicht mal dieser notwendig: Ich nutzte meine Kontakte unzufriedener Interner, sagte offen „Ich brauche das und das – schick ma' bitte an folgende Adresse, Bruder!" Diese grinsten, sparten sich Nachfragen und folgten meiner Aufforderung. Wozu unnötig konspirieren, wenn fragen genügt?

Den letzten Rest an Infos, den ich benötigte, gaben mir die betreffenden Leute als „Einen der Ihren" von ganz alleine: Ich siebte den Informationsgehalt aus Gerüchten aus, nahm diese Bruchstücke und ließ sie so ganz nebenbei in persönliche Gespräche einfließen. Die Leute reagierten ganz automatisch und gaben weitere Informationen preis – sie gingen ganz selbstverständlich davon aus, dass ich sowieso Bescheid wisse. Niemand fragte jemals, woher ich das wisse und was ich denn wüsste; die Leute hatten sich an mich und meine seltsame Detailversessenheit monatelang gewöhnt. Ich war halt der seltsame Nerd, der keine Ruhe gab, bevor er nicht auch den letzten Mist in Erfahrung gebracht hat, und sei nur die Frage, warum rechtsdrehende Milchsäure nicht linksherum funktioniert.

Ich war der Typ, der mit Netzwerkadministratoren stundenlang Konversation über das Star Trek-Universum führt, genausogut aber bezüglich politischer Lage, Luxusuhren oder aktuelle Bundesliga-Transfers Bescheid wusste. Ich war nicht klassisch beliebt, wurde als weltfremder Sonderling wahrgenommen – ein seltsamer Narr, der „Narrenfreiheit" genießt.

Different name, same shit

Seit 1927 findet an der Universität Queensland in Australien ein Pechexperiment statt. Dabei soll festgestellt werden, wie lange es dauert, bis Pech, ein bei Zimmertemperatur superzäher Stoff, flüssig wird. Der erste Tropfen floss 1938. Arbeitnehmer sind nicht ganz so zäh, aber auch bei diesen braucht es seine Zeit, bis der Groschen fällt, dass Änderungen bevorstehen.

Anfang 2012 tauchten innerhalb Valeos erste Gerüchte auf, dass unsere Testfahrer-Abteilung von Randstad zum 1. November 2012 hin aus dem bisherigen Vertragskonstrukt der Arbeitnehmerüberlassung herausgelöst und als Werkvertrag outgesourced werden sollte. Werkvertragskonstruktionen kamen damals gerade groß in Mode. Dies entsprach exakt den Mutmaßungen, die bereits vor Abschluss der Branchenzuschläge in Metall- und Elektroindustrie Ende Mai 2012 in einschlägigen Internet-Foren kursierten.

Bei einem Werkvertrag zahlt der Auftraggeber nur für das fertige Produkt, nicht für die Arbeitskraft des zur Herstellung eingesetzten Arbeiters. Der gesamte Prozess zur Werksherstellung wird hierbei von einem Dienstleister übernommen, der bisherige Entleiher ist dessen Mitarbeitern, den sogenannten Werkvertragserfüllungsgehilfen, weder weisungsbefugt noch darf er sich sonst wie großartig in deren Arbeit einmischen. Das Produkt allein entscheidet.

Ein befreundeter Abteilungsleiter erzählte mir, dass es innerhalb des Valeo-Vorstands eine rege Diskussion gegeben hatte, ob so eine Werksvertragsausgliederung innerhalb Valeos Entwicklung überhaupt möglich geschweige denn sinnvoll umsetzbar wäre. Schon in der jetzigen Konstellation bei Einsatz von Leiharbeitern gab es innerhalb des Vorstands kritische Stimmen, die die Meinung vertraten, dass nicht mal das rechtlich gesehen abgesichert wäre, da man im Falle eines Unfalls mit Beteiligung von externen Fahrern und internen Testfahrzeugen in Teufels Küche gerate, da die Versicherungsfrage bezüglich Randstads Fahrer seit Jahren ungeklärt war. Vor allem ein Unfall im Auslandseinsatz wurde als Horrorszenario gesehen, worüber man besser nicht nachdachte, sondern einfach mal hoffte, dass so etwas nicht geschieht. Dass die Fahrer jeden Tag draußen auf der Straße waren und das Gesetz der Wahrscheinlichkeit dafür spricht, dass – je öfter diese unterwegs sind, desto höher die Wahrscheinlichkeit, dass irgendwann etwas passiert – wurde einfach ausgeblendet. Man spekulierte stattdessen darauf, dass kein Polizist oder Versicherungsagent dermaßen gewitzt sei und sich jemals darüber Gedanken macht, ob die Person am Steuer das rechtlich bzw. versicherungstechnisch gesehen überhaupt dürfte.

Der Branchenzuschlag sollte zum 1. November desselben Jahres für Leiharbeiter in der Metall- und Elektroindustrie in Kraft treten. Dieser sollte die Gehaltslücke zwischen Festangestellten und Leihpersonal verringern, dem „Gleiche Arbeit fürs gleiche Geld"-Gedanken Rechnung tragen. Bis dahin war die Kluft zwischen beiden Gruppen gewaltig, vor allem in Metall- und Elektro, da die Gewerkschaft IG Metall fast jedes Jahr aufs Neue medienwirksam neue Tarifrunden mit Arbeitgebern einläutete, um Festangestellte besser zu entlohnen. Die Externen blieben dabei außen vor, gingen immer leer aus. Das spaltete Belegschaften, da es innerhalb desselben Unternehmens unterschiedliche Arbeiterklassen für dieselbe Arbeit schuf. Die neuen Zuschläge würden die Lücke nicht schließen, zumindest aber merklich verringern. Durch Werkvertragskonstruktionen entstand eine dritte Arbeiterklasse. Diese waren bei allen Regelungen außen vor, verdienten nochmals deutlich weniger als Leiharbeiter bisher. Dabei sagte man Betroffenen, dass sie ab sofort nicht mehr für Entleiher X sondern Firma Y tätig sind. Die gesamte Abteilung wurde ausgelagert, gehört damit auch nicht mehr zur Metall- und Elektroindustrie, sondern zu einer anderen – meinetwegen Teil der nordkoreanischen Bäckerinnung. Dabei veränderte sich wenig bis nichts an der Arbeit, nur das Fähnchen im Wind war neu.

Randstads neues Fähnlein erhielt einen besonders kreativen Namen, hieß einfach Randstad Outsourcing GmbH, kurz: ROS. Das Unternehmen wurde kurz zuvor gegründet, bot Outsourcing von der Regalbefüllung im Supermarkt bis hin zum kompletten Atomkraftwerksbetrieb an. Die neue Branche, der man sich zugehörig fühlte, hieß Logistik – ROS-Manager hatten einen der freien Welt bis dahin unbekannten Thüringer Logistik-Tarifvertrag für sich als gültig erklärt. Meine Kollegen waren höchst beunruhigt, diese waren der Meinung, dass Änderungen selten Gutes mit sich bringen. Ich dagegen freute mich: Gier frisst Hirn. Denn schon pure Logik ließ äußerst fragwürdig erscheinen, wie man ein vollkommen unselbständiges Testfahrteam erfolgreich ausgliedern wollte. Wir waren - wie ein Säufer von der Flasche - vollkommen von Valeo-Ingenieuren abhängig. Das konnte nur in die Hose gehen – super Sache also!

Ich wandte mich an die juristische Fakultät meiner Universität und ließ mir Studenten empfehlen, die kurz vor dem Ersten Staatsexamen stehen. Eine davon beauftragte ich, Gutachten zu schreiben, in denen ich Randstads Werkvertragshoffnung prüfen ließ. Ich opferte paar fette Scheine aus meiner Kriegskasse dafür. Das Ergebnis war eindeutig: Sämtliche Bemühung von Randstad und Valeo in diese Richtung war von vornherein zum Scheitern verurteilt. Randstad hatte weder notwendige Kompetenz noch könnte man jemals für rechtlich erforderliche Abgrenzung sorgen. Allein schon die Haftungsfrage ließ das Sparmodell zusammenkrachen, da Valeo nur noch das fertige Ergebnis kaufen und nicht mehr Einzelleistungen der Mitarbeiter zahlen dürfe. Alles, was schief geht, müsste Randstad Outsourcing auf eigene Kosten nacharbeiten lassen. Aufgrund dessen, dass Randstads Personal nicht gerade Deutschlands akademischer Elite sondern dem „lieber billig als günstig"-Prinzip entsprach, war klar, dass wahnwitzige Schadensersatzforderungen auf die Werkvertrags-Cowboys zukommen und schon der erste angezeigte Mangel das Kalkulationsfass zum Überlaufen bringt. Ein banales Beispiel hierfür: Wir schickten im Februar 2013 zwei Leute auf fünftägige Testfahrt nach Frankreich. Beide waren erkältet und weder körperlich noch geistig auf der Höhe. Bereits bei der Kameramontage vor der Abfahrt verschmierte einer der beiden mit seinen Wurstfingern die Kameralinse und vergaß diese wieder abzuwischen. Sämtliche Aufnahmen aus fünf Tagen Frankreich waren unbrauchbar, der entstandene Schaden betrug fast zehntausend Euro in Form von Lohn, Übernachtung, Spesen, Sprit und Maut. Dazu kam eine verlorene Woche ohne brauchbaren Einsatz des Testwagens. Die Ursache des Scheiterns war offensichtlich, man musste kein ausgebildeter Profiler sein, um Fingerabdruckslinien, die sogenannten Papillarleisten, auf den Videos zu erkennen. Trotzdem wurde keine Schadensersatzforderung gegen Randstad Outsoucing erhoben.

Rein rechtlich gesehen lag auf Seiten der Valeo-Verantwortlichen eine grobe Pflichtverletzung zulasten ihres Arbeitgebers vor, sollte tatsächlich ein Werkvertrag zwischen Valeo und Randstad vorliegen. So weit dachte aber niemand. So etwas interessierte ja auch niemand. Der einzige, den man diesbezüglich mit etwas Sorge betrachtete, war ich.

Meine Probezeit war gerade eben abgelaufen, als ich dem hierfür verantwortlichen Valeo-Abteilungsleiter, K, meine Aufwartung machte. Ich informierte ihn darüber, dass ich erhebliche Probleme sähe, was Outsourcing in unserer Abteilung betrifft. Dabei verzichtete ich, allzu sehr ins Detail zu gehen. K hörte sich meine Bedenken an, meinte, dass er meine Anmerkungen weiterleiten würde, gab aber zu bedenken, dass - sollte ich Recht haben -, alle bei Valeo eingesetzten Randstädter ihren Job verlieren. Und das wolle ich ja sicher nicht, oder? Ich kam nicht zum antworten, er redete einfach weiter und fragte, ob ich nicht Lust habe, direkt für Valeo zu arbeiten. Er habe gehört, dass meine Arbeitsleistung selbst nach Valeo-Maßstab außergewöhnlich sei. Für Leute wie mich fände man jederzeit eine Anstellung im Konzern. Ich sollte ihm einfach meine Bewerbung bringen und für den Rest sorge er dann. Ich wusste nicht, ob ich lachen oder weinen sollte – konnte man Zuckerbrot und Peitsche noch dilettantischer umsetzen? K begann fast zeitgleich mit mir bei Valeo. Zuvor war er in derselben Funktion bei der Daimler-Tochter MB-Tech beschäftigt. Kurz nach seinem Ausscheiden bekam sein alter Arbeitgeber Besuch von drei Staatsanwaltschaften, die wegen Scheinwerkverträgen und Scheinselbständigkeit im Testfahrbereich ermittelten. Zufälle gibt's. Ich lehnte höflich ab, sagte ihm, dass ich genau das mache, was ich mir schon immer gewünscht habe. So gut könnte sein Angebot gar nicht sein, als dass ich ernsthaft in Versuchung käme.

Auch Randstad war die Posse nicht verborgen geblieben; kurz vor Weihnachten nahm ich an einem informellen Treffen mit dem für Valeo verantwortlichen Randstad Outsourcing-Manager E teil, der mir den Posten als sein Stellvertreter anbot, was ich ebenfalls ablehnte. Ich sagte ihm bei der Gelegenheit, was ich von dilettantischen Scheinwerkverträgen halte, nämlich gar nichts. Da ich allerdings keinerlei Anstalten machte, mein Wissen mit anderen zu teilen oder rechtliche Schritte gegen die Unternehmen einzuleiten, verzichtete er darauf, mich loszuwerden. Ich war nur ein neunmalkluger Sonderling, der mehr weiß, als gut für ihn ist. Gleichzeitig war ich dumm genug, alles klaglos hinzunehmen – das machte mich aus Randstads Sicht wiederum besonders wertvoll: Klug und dumm zugleich, typisch Inselbegabung – bitte mehr davon!

Basics and Backgrounds

Meine von Studenten geschriebenen Rechtsgutachten wurden von einem befreundeten Professor der Universität Greifswald überprüft; dieser hatte keine Beanstandungen außer ein paar ergänzende Quellenangaben zu machen. Das Hauptgutachten befasste sich mit der Frage, ob Randstads Beschäftigte bei Valeo Teil eines Werkvertrags sein könnten und welche Konsequenzen sich daraus ergeben, falls dem nicht so ist. Die erste Frage konnte eindeutig verneint werden – das Gutachten ging sogar so weit zu behaupten, dass in Valeos Entwicklungsabteilung ein Werkvertrag überhaupt nicht sinnvoll umsetzbar war. Wären wir tatsächlich ein Outsourcing-Projekt, wäre jegliche teamorientierte Zusammenarbeit, wie in der Entwicklung zwingend erforderlich, verboten. Das Testfahrteam müsste komplett eigenständig operieren und eigene Strukturen besitzen. Dies fing bei Testfahrzeugen plus Wartung an und endete bei der Frage, ob ein Werkvertragler Valeos Toilette bzw. Kantine nutzen darf. Ingenieure, Techniker, Software-Entwickler – alles müsste von Randstad gestellt, die gesamte Kernkompetenz von Valeo an Randstad abgetreten werden. Die Realität dagegen sah so aus, dass Valeo- und Randstad-Personal Schulter an Schulter im selben Großraumbüro saß und bei jeder kleinsten Schwierigkeit Interne um Hilfe gerufen wurden. Valeo entschied, was wann wo gemacht werden muss. Valeo kam desweiteren 1:1 für sämtliche Auslagen im Ausland auf, und ging etwas dort schief, waren es Valeo-Standorte, wo man vor Ort um Unterstützung bat – so geschehen in Paris, als von jetzt auf gleich die gesamte Kameratechnik ausfiel und Bobigny das Fahrzeug instandsetzten musste.

Randstad entwickelte als Abgrenzung ein Schnittstellenkonzept, besser gesagt Valeo entwickelte für Randstad ein Schnittstellenkonzept, nachdem neun Monate Werkvertrag vergangen und die Holländer noch immer nichts zustande gebracht hatten, was auch nur ansatzweise als Abgrenzungsversuch hätte herhalten können. Bis dahin waren die einzigen Hinweise auf Änderungen der neue Rechnungsname und der auf der Abrechnung nicht berücksichtigte Branchenzuschlag. Valeos Konzept war dabei ganz drollig, es basierte auf Schnittstellendarsteller, die Papageien ähnlich Kommunikation zwischen Randstad und Valeo kanalisieren sollten, also A sagt B, was C tun soll, C fragt B, ob A mal helfen könne. Klingt kompliziert und umständlich? Keine Sorge, ist es auch. Vor allem, wenn man bedenkt, dass der ganze Operettenstaat gesetzlich nicht mal anerkannt wird. Ist nämlich Entwicklung – da bedarf es fachlicher Kompetenz, keiner Bühnenkulisse.

Ergebnis war, dass ein Scheinwerkvertrag vorlag. Randstad-Beschäftigte galten rein rechtlich gesehen als direkt bei Valeo angestellt und hatten Anspruch auf entsprechend Entlohnung, wie sie in Metall- und Elektroindustrie tarifvertraglich vorgeschrieben war. Randstad und Valeo hätten sich also gemeinschaftlich der Steuerhinterziehung und Vorenthalten von Sozialversicherungsbeiträgen strafbar gemacht. Klingt recht harmlos, ist es aber nicht: Der Staat steht nicht darauf, beschissen zu werden. Allerdings gab es ein kleines Problem: Zeitarbeitsunternehmen sind vielleicht in der Summe nicht die schlauesten, aber gänzlich auf der Nudelsuppe daher geschwommen sind sie auch nicht. Fehlende Rechtskreativität kann man ihnen weiß Gott nicht vorwerfen…

Ende November fand in Frankfurt am Main ein Werkvertragssymposium, ein kostenpflichtiges Tagesseminar statt. Vertreter aus Industrie- und Dienstleistungssektor waren geladen und folgten den Ausführungen mehrerer arbeitgeberfreundlicher Juristen, die den neuesten Trick der Verleiher vorstellten, wie Risiken bei Scheinwerkverträgen umgangen und trickreich auf Kosten der Arbeitskräfte gespart werden könnte. Ich selber war verhindert und konnte mich nicht abseilen, überredete daher einen Bekannten, daran teilzunehmen und für mich eine Audioaufnahme zu machen. Er war mir noch etwas schuldig, ich versprach, danach wären wir quitt.

Auf dem Seminar wurden offen die Stolpersteine von Scheinwerkverträgen angesprochen. Es ging um Umstellungsschwierigkeiten und der lästigen Sache rechtsstaatlicher Verfolgung aufgrund von Steuerhinterziehung und Vorenthaltens von Sozialversicherungsbeiträgen – zu letzterem Thema hatte man extra einen Vertreter der Deutschen Rentenversicherung heran gekarrt.

Man kam auf den unerwünschten Effekt zu sprechen, dass bei Auffliegen Scheinwerkbeschäftigte Entleiherbetrieben zugerechnet werden und eines der Hauptziele von Werkvertrag und Arbeitnehmerüberlassung, das Unterlaufen gesetzlichen Kündigungsschutz, grandios gescheitert wäre. Die Lösung des Dilemmas sei laut Veranstalter ebenso einfach wie genial: Verleiher gründen eigenständige Tochterunternehmen, die vorsorglich eine Arbeitnehmerüberlassungserlaubnis beantragen und mit dieser im Rücken

Werkvertragsdienstleistungen übernehmen. Geht etwas schief und der Beschiss fliegt auf, ist der Schaden minimal, da normalerweise zwingende Rechtsfolgen – Werkvertragsbeschäftigte gelten als Stammbelegschaft plus strafrechtlicher Rattenschwanz – nicht eintreten. In diesem Fall werden Scheinwerkbeschäftigte Festangestellte beim Werkvertragsunternehmen, dieses wiederum zaubert einen zweiten, vorsorglich mit dem Endkunden geschlossenen Vertrag aus der Tasche. Laut diesem wurden die Werkvertragsbeschäftigten im Rahmen der Arbeitnehmerüberlassung rechtmäßig ausgeliehen, man habe nur die Zuschläge zu zahlen vergessen und überweist diese nach. Kann ja mal vorkommen…

In einfachen Worten: Wirst Du erwischt, zahlst Du höchstens das, was Du bei Verzicht auf den Trick sowieso bezahlt hättest. Bestraft wirst Du deshalb nicht.

Was die Anwälte an diesem Tag nicht sagten, was aber den meisten Anwesenden von ganz allein in den Sinn kam, war, dass viele Manager im mittleren Segment sowieso kaum länger als zwei bis drei Jahre in einem Unternehmen verweilen, um woanders die Karriereleiter zu erklimmen. Diese Manager sind Hasenfüße. Sie scheuen Risiko, gehen am liebsten mit Airbag aufs Klo. Sie verstoßen nur dann gegen Recht, wenn sie wissen, dass erwischt werden quasi ausgeschlossen, persönliche Konsequenzen faktisch unmöglich sind. Kein Manager bricht Gesetze, wenn er ernsthaft in Betracht zieht, persönlich zur Rechenschaft gezogen zu werden. Für diese sah die Sache daher gleich doppelt verlockend aus: Sie zeigen Gewitztheit und sparen dem Unternehmen kurzfristig eine Stange Geld. Dafür werden sie hochgelobt und reichlich belohnt. Zusätzlich ist die Wahrscheinlichkeit hoch, dass sie zum Zeitpunkt einstürzender Neubauten schon lange das Unternehmen verlassen und woanders ihr Glück gefunden haben. „Nach mir die Sintflut!"

Aus Zwei-macht-Vier-Vertrag

Gewerkschaften geben unterschiedlichen Beschäftigungsarten verschiedene Wertigkeit. Am besten ist unbefristete Festanstellung, nicht ganz so gut aber der Sache noch dazugehörig sieht man befristet Beschäftigte. Es folgt Zeitarbeit, ganz unten stehen Werkverträge. Stammbelegschaft und externes Leihpersonal – auf diesen beiden Ebenen fand bis dahin das Katz-und-Maus-Spiel zwischen Arbeitgeber- und Arbeitnehmervertretung statt. Mit dem Werksvertragsphänomen entstand auf einmal eine dritte Kaste, die Gewerkschaften bis dahin nicht auf dem Radarschirm hatten.

Valeo ging einen Schritt weiter, machte aus zwei gleich vier Schichten: Es gab innerhalb Valeos Werkvertrags-Unterwelt ebenfalls zwei Klassen, nämlich die besserverdienenden (und besser ausgebildeten) Leute der Kontec Engineering und der Bodensatz Übriggebliebener, die Randstad repräsentierte. Des Randstädters größter Wunsch war bei Kontec unterzukommen. Dort galten Arbeitsbedingungen allgemein als besser; der Arbeitgeber zahlte mehr, legte mehr Wert auf Weiterbildung und Zufriedenheit seiner Mitarbeiter. Zuschläge, die beide Werkvertragsanbieter Valeo ordnungsgemäß in Rechnung stellten, wurden Kontecs Personal nicht gegeneinander verrechnet. Dass beide Projekte gleichermaßen auf Sand gebaut waren, war den Arbeitern weder bewusst noch sonderlich von Interesse – Hauptsache ein Aufstieg, egal wie gering dieser auch sein mag. Kontecs Leute sahen Randstad als Bodensatz der Gesellschaft an – wer dort strandet, musste schon ziemlich armselig dran sein. Gutherzige Valeo-Vorgesetzte sahen das genauso, machten ihren Einfluss geltend, um ihnen Untergebene aus den Fängen Randstads zu entreißen und bei Kontec unterzubringen.

Ich dagegen scherte beide Companies über einen Kamm; die Frage, wer sein Süppchen abgebrühter kocht, war für mich nicht von Belang. Ich wusste, dass mein Projekt beide Arbeitergruppen gleichermaßen trifft, denn niemand außer mir schien sich ernsthaft Gedanken darüber gemacht zu haben, was für Konsequenzen Betroffene bei Scheinwerkverträgen wirklich blühten. Zugegeben, man musste hierfür mit Weitblick gerade um die Ecke denken…

Kontur

Die Ende Mai beschlossene Branchenzuschlagsvereinbarung beinhaltete eine unscheinbare Nebenbedingung: Vom Stichtag 22.05.2012 an gerechnet hatten bei einem Entleiher ununterbrochen beschäftigte Leihkräfte Anspruch auf ein Übernahmeangebot durch den Kunden. Bei ordnungsgemäßer Arbeitnehmerüberlassung wandten Entleiher zur Umgehung der Regel vielerorts den Trick an, Leute kurz vor Ablauf der zwei Jahre vor die Tür zu setzen. Diese wurden von Verleihern für mindestens drei Monate andernorts eingesetzt, danach konnten diese zum Ursprungskunden zurückkehren und die Zwei-Jahres-Uhr begann aufs Neue zu ticken.

Wer sein Haus auf Sand baut, darf sich nicht wundern, wenn es beim ersten lauen Lüftchen in sich zusammenfällt. Ich setzte darauf, dass Verleiher und Entleiher bei Scheinwerkvertragsbeschäftigten auf das Katz- und Maus-Spiel der Bequemlichkeit halber verzichten würden. Das hätte zur Folge, dass diese Leute nach Ablauf des 22.05.2014 gechilled Klage erheben könnten und – würde die im vorherigen Abschnitt beschriebene Rechtsfolge eintreten, dass diese in das Sicherheitsnetz des „Nee nee, ihr seid jetzt zwar festangestellt beim Werkvertragsunternehmen, aber trotzdem nur Leiharbeiter im Endbetrieb" fallen, die versäumte Übernahmeangebotspflicht auf den Tisch knallen und über Bandenspiel zu Festangestellten des Entleihers werden. Für mich war deshalb wichtig, dass Valeo – komme was wolle -, bis zum 22.05.2014 am Werkvertrag festhält. Deshalb durfte ich nicht maximal Druck auf die Unternehmensführung ausüben, sondern alles so dosieren, dass Valeo ständig die Faust im Nacken verspürt, sich aber dennoch jederzeit als Herr der Lage verstehen würde.

Zugute kam mir der Umstand, dass Valeo hart im Nehmen war, sich trotz Versagen und Unfähigkeit niemals von verantwortlichen Führungskadern auf die harte Tour getrennt hatte. Stattdessen komplimentierte man Pflaumen auf besser dotierte Stellen weg, wo diese keinen Schaden mehr anrichten und ihre restliche Zeit absitzen konnten – die Radarstation in Alaska lässt grüßen.

Wenige Jahre zuvor wurde Valeo Bietigheim durch einen Korruptionsskandal erschüttert. Führungskräfte hatten sich von einem Personaldienstleister, der gleichzeitig Dachdecker war, private Hausdächer kostenlos sanieren lassen. Die Kriminalpolizei nahm Valeo-Manager direkt im Büro fest und schleppte diese zur Vernehmung auf die Wache. Sämtliches von besagtem Personaldienstleister im Hause Valeo beschäftigtes Personal bekam Hausverbot, musste auf der Stelle das Firmengelände verlassen und durfte wenige Tage später – inzwischen von Randstad übernommen – an den alten Arbeitsplatz zurückkehren. Valeos Manager verloren zwar ihre Posten, nicht aber die Anstellung innerhalb des Unternehmens. Stattdessen wurden sie auf andere Standorte verteilt, erhielten alternativ großzügige Abfindungen, falls sie sich von alleine zur Neuorientierung entschlossen. Gerüchte besagten, dass dies dem Umstand zu verdanken war, dass die Beschuldigten weitreichend Kenntnis von Valeos gut gefülltem Leichenkeller besaßen und das Risiko zu groß war, etwas gegen diese zu unternehmen; der Unternehmensschaden wäre nicht überschaubar gewesen.

Diese Erkenntnis erleichterte mir die Aufgabe deutlich. Goethes sagte "Ob Recht oder Unrecht, mein Vaterland". Demnach lag Valeos Schmerzgrenze sehr hoch…

Letzte Vorbereitung

Der Tag, an dem mein Spiel beginnt und ich gegen beide Unternehmen losschlage, sollte Mittwoch, der 14. August 2013 sein. Zu diesem Zeitpunkt wäre Valeo am anfälligsten für Attacken von außen, denn der August ist bei französischen Unternehmen Haupturlaubszeit. Die meisten Führungskräfte befinden sich spätestens jetzt fernab der Heimat, genießen an der Cote d'Azur, auf Sylt oder Rügen wohlverdienten Urlaub unter ihresgleichen.

Zusätzlich geht Mitte August der Bundestagswahlkampf langsam in die heiße Phase über. Wahltendenzen konsolidieren sich, der Trend, wer gewinnen wird, zeichnet sich langsam ab. Meine Lebensgefährtin Bora hatte sich im Jahr zuvor fürs Praktikum bei Bietigheims örtlichem Bundestagsabgeordneten Eberhard Gienger beworben, hierfür trat sie extra der CDU bei. Ihr Praktikum begann gleich nach ihrer Rückkehr aus der Mongolei, Anfang August.

Boras ist eine schöne Frau, exotisch und interessant. Sie modelte einige Zeit, weiß dadurch, sich in Szene zu setzen. Eberhard Gienger sah in ihr ein gutes Zugpferd für seine Veranstaltungen, nahm sie deshalb nach Möglichkeit zu jedem Termin mit. Egal, ob zusammen mit dem Chef der CDU/CSU Bundestagsfraktion Kauder ein Unternehmen besichtigt wurde, der Bundesumweltminister zur Podiumsdiskussion eingeladen war oder sonst etwas wichtiges oder unwichtiges, großes oder kleines auf dem Programm stand – Bora war überall mit dabei. Dadurch war sichergestellt, dass sie für mein Anliegen jederzeit bei Gienger Gehör finden würde. Gleichzeitig hatte ich über einen meiner Sache gegenüber freundlich gesinnten Valeo-Vorgesetzten Kontakt zu Giengers ärgstem Konkurrent, SPD-Bundestagswahlkandidat und Arbeitnehmeranwalt Thorsten Majer, erhalten.

Randstad machte mir übrigens überhaupt keine Sorgen; ich wusste, dass das Unternehmen mich anfangs überhaupt nicht ernst nehmen und die Filiale Ludwigsburg 0815-Standardmethoden aus dem Handbuch anwenden wird, um mit dem unliebsamen Mitarbeiter Leonhardt alleine fertig zu werden. Bevor in Eschborn die Alarmglocken läuten würden, wäre die entscheidende Phase bereits vorüber und Randstad von da an hoffnungslos in der Defensive gefangen.

Es war April 2013, mir blieben kaum vier Monate Zeit, um alles vorzubereiten. Meine Valeo-Vorgesetzten spannten mich zusätzlich immer mehr ein, versuchten mich Woche für Woche zu weiteren Testfahrten ins Ausland zu überreden. Ich hatte das Tagesgeschäft dermaßen im Griff, dass von Arbeit oder Anstrengung überhaupt nicht die Rede sein konnte – Auslandsfahrten waren bezahlter Urlaub, mehr nicht –, allerdings verlor ich wertvolle Zeit, die vor Ort in Bietigheim besser zu nutzen wäre. Daher beschloss ich, das Beste daraus zu machen, ließ Testfahrten mit mir zusammen vollends zu Vergnügungsreisen verkommen. Ich gab Valeo die Orte vor, welche ich gerne gesehen haben wollte, wenn ich schon andauernd unterwegs sein sollte. Bruce Springsteen gibt ein Konzert in Oslo? Da muss ich hin! The Weeknd tritt in Brüssel auf? Wehe, ich bin nicht dort! Die schwedische Fussball-Liga startet den Saisonauftakt mit einem Lokalderby? Einplanen, bitte! In Frankreichs Basketball bahnt sich eine faustdicke Überraschung in den Play Offs an? Na, Ihr wisst schon!

So liefen Planungen ab. Ich besuchte Museen – von Saab bis zur Mona Lisa -, nahm an Festivals teils, sah mir historische Schlachtfelder von Verdun bis Waterloo an und war auch sonst überall dabei, wo es etwas zu erleben gab. Selbst Money Boy in Wien zu besuchen ersparte ich Valeo nicht. Gleichzeitig sparte ich Geld, da es für Auslandsreisen Spesen gab, die voll und ganz mein Vergnügen finanzierten und mir erlaubte, den Rest der bereits üppig gefüllten Kriegskasse zukommen zu lassen. Ich ließ in dieser Phase nochmals mehr als zwei Dutzend Gutachten in Greifswald erstellen, in denen – neben Scheinwerkvertrag – andere Valeo-Problemfelder unter die Lupe genommen wurden. Manche meiner Ideen erwiesen sich als falsch, manches hatte ich fehlerhaft interpretiert oder scheiterte an fehlender rechtlicher Umsetzbarkeit. Sun Zu schrieb in „Die Kunst des Krieges", der kluge Feldherr soll sein Heer mit nur wenig Vorräte im Schlepptau ins Gefecht schicken und alles notwendige vom Feind erbeuten, denn „ein Wagen Getreide aus Feindes Hand ist genauso viel wert wie zwanzig eigene Ladungen". Ich bin sicher, Sun Zu wäre stolz auf meine Umsetzung seiner Theorie gewesen: Der Krieg hat bereits lange vor dem ersten Schuss begonnen, der Feind finanziert ohne zu wissen den eigenen Untergang.

Judas

Mai 2013 berichtete man mir von einer Valeo-Führungskraft, die innerhalb der Geschäftsführung ordentlich auf die Pauke haute und lauthals Scheinwerkverträge und ungeklärte Versicherungsfragen bezüglich Fahrer und Vehikel zur Sprache brachte. Seine Tiraden waren Randstädter nicht verborgen geblieben, der Mann brachte mehr Unruhe in den Laden, als Valeo und mir lieb sein konnte.

Ich suchte ihn in seinem Büro auf, stellte ihn direkt zur Rede. Das Gespräch begann ich mit dem einleitenden Satz „Hi, Mann, ich habe viel von Dir gehört, Du von mir wahrscheinlich noch nicht. Ich bin derjenige, der den Schweinestall hier drinnen ausmisten und Ordnung ins Chaos bringen wird. Ich habe ein paar Fragen, die Du mir sicher beantworten kannst." Ich erzählte ihm von mir und den Menschen, die mich innerhalb der Reihen Randstads und Valeos unterstützten und forderte ihn auf, Teil der fünften Kolonne zu werden. Sein kritisieren und Unruhe verursachen sei ja schön und gut, aber das wäre jetzt seine Gelegenheit, wenn er nicht nur labern, sondern etwas bewirken wolle.

Es mag an meinem Ton oder an der Auswahl meiner Worte gelegen haben, aber der Typ nahm mich vollkommen ernst. Er wusste, dass ich keinen Scherz machte - und geriet in Panik. Ich packte meinen Schreibblock aus, von oben bis unten mit Fragen, Daten und Fakten zu Valeo gefüllt. Er sprang hastig auf und verschloss schnell die Tür des Konferenzraums, ich hatte diese offen gelassen. Er forderte mich auf, Stift und Papier wegzulegen, ansonsten würde er kein Wort sagen und einfach verschwinden. Daraufhin versuchte er mich von meinem Unternehmen abzubringen. Ich wüsste gar nicht, mit wem ich mich anlege. Valeo würde mich bis ins Mark hin fertig machen, sollte ich das tatsächlich durchziehen. Die Firma ist unangreifbar. Im Aufsichtsrat sitze ein ehemaliger Richter, der aufgrund seiner Kontakte jeden Angriff von juristischer Seite abblockt und ins Leere laufen lässt. Die Valeo Schalter und Sensoren GmbH habe im Laufe der Jahre so viele Leichen im Keller gestapelt, dass jeder Versuch diese ans Tageslicht zu bringen, von vorherein zum Scheitern verurteilt ist; unzählige Leute hängen mit drin, es existiert daher eine geschlossene Front, die ich niemals, niemals, niemals überwinden könnte. Der Konzern hat viel Geld, würde mich bis aufs Unterhemd durchleuchten lassen und – sollte auch nur das kleinste bisschen Schmutz darauf zu finden sein -, mich für alle Zeiten kaltstellen. Ich grinste fröhlich und sagte ihm, dass er sich um meine Sicherheit nicht sorgen muss. Meine Weste ist genauso rein wie die Valeos. Ich verlasse mich sogar fest darauf, dass meine Vergangenheit durchwühlt wird – dann wisse man, wie sehr ich Schmutz liebe und dass Drecksäcke mich nicht einschüchtern können - bin selber mit allen Wassern gewaschen. Im Gegensatz zu feinen Herren kenne ich mich und bin mir meiner selbst bewusst – ich bin mit mir vollkommen im Reinen -, habe deshalb im Gegensatz zu diesen auch nichts zu verlieren. „Kenne Deinen Gegner und kenne Dich selbst – dann wirst Du auch in hundert Schlachten nicht in Gefahr geraten", zitierte ich Sun Zu.

Obwohl der Typ deutlich älter als ich war und nach außen wie ein mutiger Löwe wirkte, verhielt er sich wie eine ängstliche Maus. Er erzählte mir von

Frau, Haus und Kind, was er alles zu verlieren habe, ich sagte ihm kalten Bluts, dass das alles nicht mein Problem sei.

Ich hasse Typen, die durch Gemecker für Unruhe sorgen, sobald es aber ernst wird den Kopf einziehen. Er beantwortete mir widerwillig alle offenen Fragen, während er immer wieder erfolglos versuchte, mich von der Sache abzubringen. Zum Abschied reichten wir uns die Hand und ich sagte, dass er nicht verstanden habe, dass Böses nur dort gewinnt, wo gute Leute nichts unternehmen. Es sei eine Schande, dass jemand nicht ganz so gutes wie ich deshalb den Job der Besseren übernehmen müsse, aber c'est la vie – so ist das Leben! Valeo als Firma ist nicht schlecht – ein Unternehmen kann gar nicht schlecht sein, da es nur eine juristische Person, keine aber aus Fleisch und Blut ist. Ein Unternehmen ist neutral, alles Gute oder Schlechte darin kommt von den Personen, die das Unternehmen führen – in die eine oder andere Richtung. Deshalb bekämpfe ich auch gar nicht das Unternehmen, sondern die bösen Buben an der Spitze – diesen trage ich den Krieg in deren Wohnzimmer.

Letzter Schliff

Wie oft habe ich gehört, dass man großen Konzernen gegenüber vollkommen machtlos ist? Ich kann es gar nicht mitzählen. Der amerikanische Künstler Phil Hansen sagte „Es scheint immer unmöglich, bis jemand es macht" - genauso sah die Sache mit Randstad und Valeo aus. Warum soll einer alleine milliardenschwere Konzerne nicht sturmreif schießen können? Weil die mehr Geld haben? Mehr Doktortitel, mehr Personal, mehr alles? All das ist kein Argument, denn auf meiner Seite standen das moralische Recht, das Überraschungsmoment und das Wissen des gegnerischen Verhaltens. Je größer die Geschütze sind, die gegen mich aufgefahren werden, desto höher sind die Entscheidungsträger innerhalb der Firmenhierarchie anzusiedeln, die mit Kanonen auf Spatzen schießen genehmigt haben.

Eskalation war erwünscht, je stärker Druck auf mich ausgeübt wird, desto deutlicher fällt der Sieg aus. Natürlich ist Druck nicht angenehm – niemand stellt sich gern allein gesichtsloser Masse entgegen. Auch ich empfinde Druck als unangenehm, das will ich nicht verhehlen. Aber er gehört einfach zum Spiel dazu und kann nicht hinweggedacht werden, ohne dass der Erfolg am Ende des Weges entfiele. Und genau deshalb lernt man seinen Gegner und sich selbst in- und auswendig kennen. Du musst wissen, was die anderen unternehmen können, noch mehr musst Du aber zu Dir selber ehrlich sein und wissen, was Deine Schwachpunkte sind. Du musst versuchen, mit diesen ins Reinen zu kommen, denn ansonsten kann Dein Gegner jede Deiner Schwächen ausnutzen und Dich dadurch erpressbar machen. So zumindest würde ich vorgehen, wenn ich Dein Gegner wäre: Ich würde jede Deiner Schwächen, mit denen Du selber nicht vollkommen im Reinen bist (und sie deshalb verbirgst, Dich ihrer schämst, sie verleugnest), als Waffe umfunktionieren und gegen Dich einsetzen, bis Du unter Deiner eigenen Last, unter dem hauptsächlich von Dir selbst erzeugten Druck komplett zusammenbrichst.

Ich hatte eine ganze Reihe verschiedener (Bier-) Quellen innerhalb beider Unternehmen für mich gewinnen können. Sie alle arbeiteten mir aus unterschiedlichsten Gründen zu und versorgten mich mit Informationen und Dokumenten. Manche waren Angeber, die mir beweisen wollten, wie wichtig sie sind, manche erhofften sich Vorteile im Machtkampf an der Unternehmensspitze. Es gab aber auch einige wenige, die ich ins Vertrauen zog und tatsächlich einen Kurswechsel hin zu mehr sozialer Gerechtigkeit innerhalb der Unternehmen bewirken wollten.

Juli 2013 nahm ich mehrere Wochen Urlaub und zog mich nach Greifswald zurück. Bora verweilte gerade in ihrer Heimat und stellte dort Weichen, damit mein späterer Ausstieg bei Randstad elegant und reibungslos über die Bühne ginge. Ich verbrachte die gesamte Zeit damit, Tag und Nacht meine Präsentation auszuarbeiten, die den Sturm auf die Bastille eröffnen sollte. Der Aufwand war immens. Ich hatte unzählige Informationen vorliegen, musste diese sämtlich ordnen, zusammenfassen und in richtige Reihenfolge bringen. Die Zeit verging wie im Flug; egal ob zuhause oder am Strand – überall waren Laptop und kühles Blondes dabei und ich schrieb wie ein Wahnsinniger. Nackte Frauen hätten vor meiner Nase aufreizend tanzen können, es wäre mir nicht aufgefallen - ich war besessen.

Valeo plante für Anfang August, dass ich Katharina zwei Wochen lang auf Testfahrt nach Spanien und Portugal begleite. Ich wägte ab, ob und wie sich das auf den „Liefertermin" auswirkt. Gesamtplanung und Organisation der Reise hatte ich nach dreißig Minuten abgeschlossen – monatelang Vorarbeit mit Skizzen- und Vorlagenerstellung zahlte sich aus. Für die Reise sprach, dass ich Lust hatte und nie in Portugal gewesen bin. Dagegen das Wissen, dass ich mit der vorliegenden Fassung der Präsentation nicht mal annähernd zufrieden war, mich von Zufriedenheit meilenweit entfernt wähnte. Das Werk sollte der Dolchstoßlegende alle Ehre machen, bis dahin war sie aber eher Schmusekätzchen als Tiger mit Krallen. Ich erwog blauzumachen, entschied aber, dass das nicht stilvoll genug ist.

Bei gesunden Menschen ist der Verstand Herr über das Fleisch. Jeder erinnert sich an seine Schulzeit: Eine wichtige Klassenarbeit stand an, man hatte sich nicht ausreichend vorbereitet und pünktlich am Prüfungsmorgen schrien Körper und Geist „Ich fühle mich sooo krank". Zufälle gibt's...

Mein Körper zeigte zu dieser Zeit Symptome, dass Krankheit bevorsteht. Bis dahin war ich 14 Monate lang ohne Fehltag ununterbrochen im Einsatz. Ich fühlte mich eigentlich stark wie ein Löwe, aber wer bin ich schon, Zeichen zu deuten? Ich war kein Doktor, sollte also der entscheiden. Ich informierte meinen direkten Valeo-Vorgesetzten S, dass ich es im Interesse der Firma vorziehe, nicht an der Auslandsfahrt teilzunehmen. Glücklich war er nicht, aber ich erinnerte ihn an Frankreich und die zehntausend Euro Schaden – das überzeugte.

Ich bereitete alles für meine Kollegen vor, inspizierte am Morgen der Abreise nochmals Equipment und Testfahrzeug. Danach ging ich direkt zum Arzt, der mir ein psychisches Erschöpfungssyndrom attestierte und zwei Wochen krankschrieb. Auf dem Rückweg machte ich kurz Stopp in Ludwigsburg, gab bei Randstad das ärztliche Attest ab. Niederlassungsmanagerin S war alleine im Büro. S ist eine junge Frau, ca. 30 Jahre alt. Ich hatte bis dahin nie etwas mit ihr zu tun. Sie führt die Randstad-typische Aufstiegskarriere – einmal Randstad, immer Randstad. Seit Abschluss ihres BWL-Studiums stand sie bei den Holländern in Lohn und Brot, arbeitete sich wie ein emsiges Bienchen Stufe um Stufe nach oben. Sie erfüllte alle Bedingungen, die Randstad von Manager erwartet: Freundlich, obrigkeitshörig, mit Rückrat ausgestattet, aber nicht zu viel; Führungskompetenz kann erlernt werden, natürliche Führungsfähigkeit braucht es dafür nicht. Kurz und gut: Zum Schafe führen reichte es, zum Wolf in Zaum halten niemals – das sollte die Arme noch früh genug erleben. Noch steckte ich im Schafspelz.

Ich drückte ihr die Krankmeldung in die Hand, sie bat mich daraufhin kurz in ihr Büro. Die vergangenen Wochen waren nicht einfach mit mir, mein Ton gegenüber der für mich zuständigen Senior Vertriebsdisponentin K hatte sich merklich verschärft. Sie wollte mich bereits seit Wochen loswerden, ich gab ihr aber keine Gelegenheit dazu, meine Leistung war konstant hochwertig, Randstad sah mich als gute Partie. Ich zeigte immer öfter

Unzufriedenheit, kritisierte nach Absicht schreiende Fehlabrechnungen – kein Monat verging ohne dass ich bei Randstad anrufen und Korrektur einfordern musste. Bei meinen Kollegen war es dasselbe, manche ließen es klaglos über sich ergehen. Alle ärgerten sich, doch ich regte mich auf; meine Mutter ist seit mehr als 30 Jahren Buchhalterin, hat in diesem Zeitraum weniger Fehler vorzuweisen als Randstad Ludwigsburg in einem Monat.

S sagte mir, dass ich seltsam, ein eingebildeter Sonderling sei – jede Woche höre sie von K Klagen über mich. Ich sei unverschämt und frech – es kann nicht sein, dass ich jedes Mal bohrend nachfrage, mich nicht mit (nichtssagenden) Antworten zufriedengebe. Randstad wisse sehr gut, was man verrechnen darf und was nicht, ich müsse mir da keine Sorgen machen. „Die Firma ist toll, alles läuft 110% korrekt bei uns – das ist so sicher wie das Amen in der Kirche". Deshalb müsse die Schuld an mir liegen. Als S die Dauer meiner Krankschreibung registrierte – zwei Wochen –, hielt sie einen Vortrag darüber, wie ungehörig es ist, so lange die Kollegen allein zu lassen. Diese müssten meine Aufgaben mit übernehmen und ich würde Randstad zwei Wochen lang nur Kosten verursachen – ich möge bitte an die Bilanz denken. Darauf fragte sie, ob ich nicht vielleicht doch weniger krank bin und schneller zu Valeo zurückkehren kann. Ich lachte laut und sagte, dass ich mich bis gerade dasselbe noch fragte, aber jetzt – dank ihrer Worte – werde ich definitiv bis zum letzten Tag krank sein, der auf ihrem Zettel steht. Der Ton macht die Musik – und ihr Ton reicht nicht für den Re-Call. Sie starrte mich sprachlos an. Ich stand auf und ließ sie sitzen.

Zwei Tage später erhielt ich von Randstad eine Abmahnung. Darin hieß es, ich hätte gegen den Arbeitsvertrag verstoßen, mich am ersten Krankheitstag nicht vor neun Uhr krankgemeldet. Noch so ein Patzer und ich fliege raus. Mich vor neun Uhr krankzumelden wäre ziemlich schwierig gewesen – ich war bis dahin bei Valeo mit letzten Vorbereitungen für die Spanienfahrt beschäftigt und erst um halb zehn zum Arzt gefahren. Auf mich mit Maßnahmen aus Randstads Personalführungshandbuch zu reagieren, entsprach exakt der hirnlosen Einfaltslosigkeit, die ich von meinen Vorgesetzten auch später erwartete. Bora und ich beschlossen, S den Gefallen zu tun, sich vorläufig als Sieger zu fühlen. Ich legte die Abmahnung vorerst unkommentiert beiseite. Sie würde zu gegebener Zeit als Waffe dienen. Denn für falsche Abmahnungen gelten keine Widerspruchsfristen. Man kann sie jahrelang in der Personalakte belassen und trotzdem jederzeit erfolgreich dagegen vorgehen. Ich bin kein extrovertierter Mensch, das Leben in der Schattenwelt hat mich geprägt. Ich lege keinen Wert darauf, nach außen hin als Sieger zu erscheinen. S glaubte, die Oberhand gewonnen und mich eingeschüchtert zu haben – sollte sie ruhig. Ich hatte genug zu tun, es kam mir demnach sehr entgegen, wenn diese glaubte, mich geschlagen zu haben.

Ruhe vor dem Sturm

Der Schlüssel zum Erwerb von Fertigkeiten liegt in der Wiederholung; dieses stellt die zweite Phase in der Lernprozessfolge dar. Durch Üben wird Erlerntes perfektioniert, alternativ Verlernen verhindert. Es gibt zwar Bereiche, in denen das nicht funktioniert, beim Selbstmord zum Beispiel, zum siegreichen Kampf führen ist vorheriges Üben aber absolute Notwendigkeit.

Die folgenden zwei Wochen verließ ich kaum mein Zuhause, saß jeden Tag von früh bis spät auf dem Balkon, genoss die Sonne über Süddeutschland, erholte mich vom attestierten Erschöpfungssyndrom - und vollendete meine Präsentation. Ich nannte sie „Alles was Recht ist – Zwei Unternehmen unter der Lupe", sie umfasste 180 Seiten. Dazu kam derselbe Umfang an Rechtsgutachten und Zusatzprotokollen. „Alles was Recht ist" war so strukturiert, verantwortlichen Führungskräften innerhalb Valeo – allesamt Nicht-Juristen – Rechtsfragen spielerisch zu erklären, diesen mit Hirn, Herz und Humor das Horrorszenario vorstellt, das auf die Firma und seinen Lieferanten zukommen könne, sofern nicht sofort was unternommen und Kurswechsel vollzogen wird. Randstad würde auch sein Exemplar erhalten, allerdings unter der Hand – in der ersten Angriffsphase waren sie nachgeordnetes Ziel – bräuchten sowieso viel länger, um zu reagieren. Und dann wäre es zu spät…

Der 12.08.2012 war mein erster Arbeitstag nach überstandener Krankheit. An diesem Tag hatte ich das letzte Baustein im Puzzle zusammen - das

Zwischenzeugnis von Randstad. Meine Niederlassung hatte die Schnauze voll von mir, deshalb warf ich einen Köder aus, von dem ich wusste, dass man danach schnappen würde: Ich erklärte Senior Vertriebsdisponentin K, dass es mich zurück nach Greifswald ziehe. Die Ostsee fehlt mir, daher spiele ich mit dem Gedanken, Valeo zu verlassen. Um das zu können, benötige ich allerdings ein bombastisches Zwischenzeugnis - je besser desto schneller wäre ich weg vom Fenster. Sie verlangte eine Vorlage, diese erhielt sie zwei Minuten später; ich hatte mich bereits Ende Mai mit Valeo-Vorgesetzten S zusammengesetzt und ein genaues Tätigkeitsprofil erstellen lassen, welches mir im Klagefall ermöglichen sollte, als Valeo-Interner eine hohe Eingruppierung nach Vorgaben des IG Metall ERA Nordwürttemberg-Tarifvertrages durchzusetzen. K kopierte die Vorlage in freudiger Erwartung meines Abgangs in den Randstad-Briefbogen, schickte diese gestempelt und unterschrieben zurück. Damit hatte Randstad sich vollends ins Abseits geschossen: Ihre Hauptwaffe bei Arbeitsstreitigkeiten – Drohung durch ein mieses Arbeitszeugnis – konnten sie vergessen; wie wollten sie, ohne sich selbst zu belasten, vor Gericht erklären, warum ich am 12.08. noch Mister Superman und zwei Tage später des Teufels Advokat persönlich bin?

Endlich war es soweit. Alle Fallen waren ausgelegt, alle Gruben gegraben und alle Waffen, die ich in dieser Phase benötigte, waren geladen und entsichert. Mutters Wohnzimmer hatte sich derweilen in einen strategischen Befehlsstand verwandelt. Ich hatte eine komplette Wand mit einem riesigen „Wenn-dann-sonst"-Schaubild in Beschlag genommen - es war zwei auf drei Meter groß. Darin hatte ich unzählige Situationen mit möglichen Aktionen und Reaktionen von Valeo, Randstad und mir aufgeschrieben. Pfeile führten von A nach B, C, D und E, diese wieder zu neuen Situationen, die wieder dieselbe Anzahl an Alternativen aufzeigten. Es sah aus wie ein einziges Chaos, half mir aber zu sehen, wo ich aktuell stehe und wie es voraussichtlich weitergeht. Das Blöde an Krieg ist: Sobald der erste Schuss fällt, sind alle Pläne hinfällig, denn erstens kommt es anders, zweitens als man denkt. Einziger Sinn von Planung ist die Fähigkeit, schneller zu improvisieren. Will man im Gefecht die Initiative behalten, muss man blitzschnell umschalten können, Probleme feststellen, bewerten und – kann man sie nicht umgehen – als Waffe modifizieren und dem Gegner um die Ohren werfen. Wer gut vorbereitet ist, kann jederzeit den Schalter umlegen und eine neue Situation zu seinem Vorteil ausnutzen. Dabei gilt die für Guerrilla-Kriegsführung geltende Maxime – und nichts anderes hatte ich im Sinn – durchgehend in Bewegung zu bleiben, sich nicht auf offene Gefechte einzulassen und niemals der törichten Idee verfallen, befestigte Städte zu belagern. Man greift an, schlägt zu, zieht sich zurück, schlägt woanders zu. Man bestimmt selber, wann man kämpft und wann nicht – der stärkere Gegner kann nur reagieren, niemals aber die Initiative ergreifen. Versucht er anzugreifen, dann nur dort, wo Du ihm das erlaubst, ihn durch vermeintlich Schwäche zeigen dazu verleitest. Bist Du nicht gewillt zu kämpfen, unternimmst Du etwas, was Deinen Gegner verwirrt, womit er in dieser Situation nicht gerechnet hat, sodass er einhält und sich fragt, was Du bezweckst. Das machst Du so lange, wie es nötig ist. Und auch hier gilt wieder die Maxime, dass notwendige Ressourcen vom Feind erbeutet werden – feindliche Dörfer werden schamlos geplündert. Will er Dich besiegen, so bleibt ihm nichts übrig, als dass er die eigene Infrastruktur zerstört, verbrannte Erde hinterlässt. Er schwächt sich dadurch selbst – eine Taktik, die ein Wirtschaftsunternehmen niemals ergreifen kann, da derjenige, der das befiehlt, später von den eigenen Leuten geteert und gefedert wird. Schließlich stellt eine Firma keine geschlossene Einheit dar, sondern ist ein Sammelbecken von Einzelkämpfern, die erst an sich selbst, dann an ihr Unternehmen denken. Da es in der Unternehmensspitze nur ums Geld geht, ist man überall von Feinden umgeben, die auf Zeichen von Schwäche warten, um auf Kosten des anderen die eigene Machtposition abzusichern. Und wer hat schon Lust auf den Dolch im Rücken, wenn er Luxuskarosse, Villa mit Seeblick und Privatschulen für Kinder finanzieren muss? Keiner! Das Messer von hinten ist diesem gewiss!

Am 13.08.2013 machte ich nichts mehr für das Projekt. Ich ging zur Arbeit, entspannte mich später zuhause bei Küche und Klo putzen, ließ mich vom Nachbarskind beim FIFA 13 abzocken und versenkte spätabends einsam Körbe auf dem Basketball-Court meines alten Gymnasiums.

Angriff

In der guten alten Zeit der Vergangenheit galt unter Kombattanten, Duellanten und Vigilanten die eiserne Regel, Konflikte nicht vor Morgengrauen zu beginnen. Selbst das Polizeigesetz nimmt auf Nachtruhe Rücksicht, verbietet Beamten das Betreten und Durchsuchen von Wohnungen von 21 bis 4 Uhr zur Sommerzeit und 21 bis 6 Uhr in der Winterzeit – den Landarbeitern sei Dank.

Kurz nach Mitternacht des neuen Tages gingen Bora und ich runter in den Garten und sie führte eine traditionell schamanistische Zeremonie durch. Dabei sagte sie Gebete auf und warf löffelweise Milch und Wodka in die Luft. Laut ihrer Religion soll einem das Schicksal dadurch gnädig gestimmt werden. Ich ließ sie gewähren, zog es aber doch danach vor, Gott und Jesus Christus um Beistand zu bitten. Ich bin ein gläubiger Mensch, war das schon immer. Ich bete regelmäßig, danke Gott für alles gute und schlechte in meinem Leben, und vertraue vollkommen darauf, dass alles irgendwo seine Richtigkeit hat, komme da was wolle.

Bora und ich öffneten noch ein Bier, gegen 0:40 Uhr starteten wir das Feuerwerk. Von jetzt an gab es keinen Weg zurück. Auf meiner Schautafel führte kein Pfeil zu einem Szenario, bei dem ein Lösungsweg „Hahaha, war alles Spaß – lasst uns weiter wie bisher Freunde sein" hieß. 50 Cents bestes Album heißt „Get rich or die tryin'" - das ist die einzig richtige Einstellung, um Berge in Bewegung zu versetzen.

Dabei war der erste Schlag absolut unspektakulär, würde sowieso bis morgens acht Uhr friedlich vor sich hin schlummern: Ich schickte eine E-Mail an K, in der ich Randstad jahrelange systematische Rechtsverstöße vorwarf und für alle Betroffenen im Valeo-Einsatz unverzüglich Korrektur verlangte. Dabei ging es vor allem um zu niedrig angesetztes Eingruppieren in Entgeltstufen, Vorenthalten diverser Zuschläge und – daraus resultierend – zu geringe Entgeltfortzahlung im Urlaubs- und Krankheitsfall. Waren Mitarbeiter krank, erhielten sie deutlich weniger Geld, als wenn sie arbeiten gingen. Warum war das so? Randstad zahlte im Krankheitsfall nur die vertraglich vereinbarte Arbeitszeit mal Grundgehaltseinstufung. In meinem Fall waren das 10 Euro mal 7 Stunden pro Tag. Ging ich arbeiten, kam ich stattdessen auf 8-9 Stunden täglich und erhielt 15 Euro Vergütung die Stunde, dazu noch Zuschläge wie Nacht bzw. Mehrarbeit und Wochenendzuschlag. Der Gesetzgeber schreibt für Entgeltfortzahlung vor, dass Arbeitgeber den Durchschnittslohn der letzten 13 Wochen berechnen und diesen bei Krankheit weiterzahlen.

Die Differenz zwischen Gesetz und Randstad-Wirklichkeit war gewaltig: Im Juni 2013 zum Beispiel verdiente ich mehr als 3.600 Euro brutto. Wäre ich stattdessen den Monat über krankgeschrieben gewesen, hätte ich für dieselbe Zeit 1.500 Euro brutto erhalten. Das war der Grund, warum viele Kollegen lieber angeschlagen in die Arbeit gingen oder Urlaub statt Krankenschein in Anspruch nahmen – in diesem Fall zahlte Randstad zumindest den Einsatzbezogenen Zuschlag aus, die Entgeltlücke war dementsprechend geringer. Dass dank diesem Trick der Entleiher geschädigt wurde – ich erinnere an die verpfuschte Februar-Fahrt mit zehntausend Euro Schaden – interessierte nicht: Das Geld kam aus einem anderen Topf und Randstad stand dank Scheinwerkvertrag sowieso nicht in der Haftung.

Laut statistischer Erhebung der Techniker Krankenkasse (TK) aus dem Jahr 2013 sind Leiharbeiter im Vergleich zu Festangestellten deutlich länger krankgeschrieben; diese haben durchschnittlich 4,5 mehr Fehltage (17,8 vs. 13,3). Die Gründe hierfür sind vielfältig, reichen von der Annahme, dass Leiharbeiter innerhalb Unternehmen für körperlich anstrengendere Aufgaben als Festangestellte hinzugezogen werden bis hin zur Arbeitsplatzunsicherheit, unbefriedigenden Einkommenssituation und allgemeinem Unwohlsein, nach außen als Leiharbeiter wahrgenommen zu werden. Bei Valeo gab es ein dickes Buch, in welches extern Beschäftigte ihr Kommen und Gehen eintrugen. Dabei mussten diese angeben, welcher Firma diese angehören. Während Kontec-Mitarbeiter offen den Namen „Kontec" eintrugen, stand bei den Randstädtern einfach „TF" für Testfahrer. Wurden Randstads Valeo-Leute von Dritten gefragt, wo sie arbeiten, antworteten diese „bei Valeo", nicht „für Randstad"; sie schämten sich für die Zugehörigkeit zu Deutschlands Zeitarbeit-Branchenführer. Ich schrieb als Einziger offen „Randstad" in die Zeile, war aber – wie Ihr wisst – nicht auf Arbeit, sondern auf Mission.

Ich bin nicht gut im Skandalisieren, halte nichts davon, Arbeitnehmer prinzipiell als Opfer der Arbeitgeber zu bezeichnen. Es gibt viele gute Arbeitgeber, die voller Herzblut bei der Sache sind, für Unternehmen und Belegschaft das letzte Hemd geben würden. Dirk Roßmanns Drogeriekette oder Peter Baumottes Anker Sozialarbeit in Schwerin sind Paradebeispiele für gewissenhafte Unternehmer, die Fairness und Erfolg miteinander verbinden. Ich kann aus betriebswirtschaftlicher Sicht gut nachvollziehen, warum Randstad so etwas macht. Die Idee ist simpel: Deine Mitarbeiter sind eher einfach gestrickt. Einfach gestrickte Menschen fühlen sich schnell ungerecht behandelt, wenn sie Dinge nicht verstehen können oder wollen - egal wie richtig oder falsch man handelt. Viele Menschen klagen Leid (motzen, meckern...), doch nur wenige unternehmen etwas. Erstelle aufgrund dieser Annahme eine unübersichtliche Abrechnung, die nicht mal Fachanwälte für Arbeitsrecht ohne Nachfragen verstehen und verlasse Dich auf die Statistik, dass nur die wenigsten Leiharbeiter rechtliche Schritte einleiten, viele die Sache auf sich beruhen lassen und rechtlichen Auseinandersetzungen aus dem Weg gehen – und sei es nur aufgrund des Gefühls der eigenen Ersetzbarkeit. Vor allem unterdurchschnittlich bis durchschnittlich ausgebildete Mitarbeiter brauchen ihren Job viel dringender als der Job sie braucht. Der Arbeitgeber findet im Notfall jederzeit fünfzig andere, die die Aufgabe genauso gut oder schlecht erfüllen, sich aber nicht beschweren. So gerechnet ist es für Zeitarbeitgeber das bessere Geschäft, zu tricksen, bis der Arzt kommt. Bei einer Belegschaft, deren einziges Ziel sowieso nur Flucht raus aus der Zeitarbeit ist, kommt es auf das letzte Fünkchen Vertrauen und Loyalität gegenüber dem Arbeitgeber auch nicht mehr an. Ganz clever eigentlich; die Idee könnte glatt von mir stammen...

Ich setzte Randstad eine Frist bis 14 Uhr desselben Tages, um erste Maßnahmen zum Abstellen von Verstößen einzuleiten. Die Frist war deshalb so kurz, da viele Kritikpunkte nicht neu, zum Teil genauso alt wie Zeitarbeit in Deutschland waren. Das Unternehmen hatte Jahre Vorlauf, es war demnach angemessen von mir, Randstad keinen Müßiggang zu verordnen. Für 14 Uhr kündigte ich mein Erscheinen in der Niederlassung Ludwigsburg an, damit mir die Beschuldigten Rede und Antwort stehen können. Bis dahin würde ich nichts unternehmen. Ich deklarierte das als „Entgegenkommen dem Arbeitgeber gegenüber aufgrund meiner Loyalität zum Unternehmen". Danach legte ich mich schlafen – der Totentanz hatte begonnen.

Zu besagter Uhrzeit erschien ich wie versprochen im Büro. Mit breiter Brust betrat ich die Räumlichkeiten, alles war wie ausgestorben. K's Stellvertreterin H saß am Computer und wimmelte mich stotternd ab. Sie sprang sporadisch als Zuständige für Valeo ein, wenn K krank, im Urlaub oder anderweitig verhindert war. Sie erinnerte mich nicht nur von Namen und Aussehen, sondern auch vom Charakter stark an meine tschechische Ex-Freundin Katerina. Diese war blond, kam selbstbewusst und extrem gut bei Männer an, war aber innerlich das genaue Gegenteil: Unsicher, leicht zu beeindrucken, aber leider auch leicht einzuschüchtern. „Ich kann das nicht" war mein am meisten gehörter Satz zu dieser Zeit. Deshalb beendete ich auch die Beziehung und wandte mich Bora zu; diese stammt aus Mongoleis oberer Mittelschicht, ist auf vollkommene Unabhängigkeit erzogen und erkennt als Grenze nach oben nur den Himmel an.

H sagte, K sei augenblicklich in einem wichtigen Kundengespräch, habe keine Zeit für mich. Ich griff in meine Tasche, packte eine Tageszeitung aus, sagte grinsend „Kein Problem, ich habe Zeit", und setzte mich. H verließ daraufhin ihren Platz und verschwand in den Katakomben der Randstad-Niederlassung. Kurz darauf kehrte sie zurück und sagte, dass der Termin noch sehr lange dauern würde. Es mache daher keinen Sinn, wenn ich warte. Man würde sich in Kürze bei mir melden. Also packte ich zusammen und fuhr unverrichteter Dinge nach Hause.

Ich war kaum zur Haustür, als mein Handy einen E-Mail-Eingang verkündete. Die unabkömmlich im Kundengespräch festsitzende K erklärte mir darin, „mein Anliegen weitergeleitet" zu haben und dass wir in Kürze einen Termin festlegen sollten, um „über unsere weitere Zusammenarbeit zu sprechen". Es folgten ein paar Nettigkeiten, die ausdrückten, „wie wenig Respekt ich vor der Hand, die mich füttert, zeige". Ich hatte genau mit dieser Reaktion gerechnet: Blablabla - wir machen Dich fertig, Du elender Drecksack! Damit hatte K mir Legitimation erteilt, die zweite Front zu eröffnen: Ich fuhr zu Valeo und begab mich auf direktem Weg zur Geschäftsleitung. Von Valeos Führungstroika waren zwei im Urlaub. Dem Dritten im Bunde, V, machte ich meine Aufwartung. Ich war unruhig und aufgeregt – Theorie und Praxis sind zwei paar Schuhe -, sparte mir daher viele Worte, sondern drückte kurz angebunden den vorbereiteten Briefumschlag samt Dreizeiler und USB-Stick in die Hand und ließ ihn stehen. Der Stick enthielt die Präsentation, der beiliegende Brief eine Extremst-Zusammenfassung vergleichbar mit Kanzler Schröders berüchtigten TurboTurbo-Dossiers, die in einem Satz hunderte Seiten kompliziertester politische Lage knapp zusammenfassten.

Von da an galt es abzuwarten und zu sehen, wie lange die Unternehmen für eine erste Reaktion bräuchten. „Alles was Recht ist" war sehr umfangreich. Gewerkschafter sagten mir später, dass sie drei komplette Tage brauchten, nur um einen groben Überblick zu gewinnen, wieviel Sprengkraft in meiner Arbeit drin steckt. Außerdem musste man die seltsame Mischung aus harten Fakten, Humor und Skurrilität erst mal verdauen. Viel Zeit zum Nachdenken blieb Valeo dafür nicht: Vom Zeitpunkt der Übergabe an V blieben dem Unternehmen acht Kalendertage Zeit, um alle Verstöße zu beseitigen. In meinen Augen war das ein Ding der Unmöglichkeit, aber sowohl die Bibel als auch Valeos Lieferantenbestimmungen meinten, es sei ausreichend Zeit, alles zu erledigen – und von letzteren hatte ich die Frist abgeschaut. Valeo gab Lieferanten vertraglich acht Kalendertage Zeit, um Probleme gänzlich aus der Welt zu schaffen. Und da man von anderen nie mehr erwarten sollte, als man selber zu leisten bereit ist, erschien es mir nur zu fair, dem grünen Riesen nicht auch nur eine Minute mehr zur Verfügung zu stellen. Wird schon passen!

Erste Reaktion: Auf Hintergrund lauschen

Ich weiß nicht, wie schnell der Konzern ohne Urlaubsabwesenheit gebraucht hätte; so benötigten sie zwei Tage, bevor ich zum Leiter der Valeo-Rechtsabteilung gerufen wurde. S war Württemberger kroatischen Ursprungs und hatte Jura an der Ruhruniversität Bochum studiert. Danach sammelte er jahrelang Erfahrung in verschiedensten Firmen in Deutschland, Österreich und der Schweiz, darunter einer berühmt-berüchtigten Broiler-Fastfoodkette. Er war Freshman bei Valeo, keine zwei Monate im Unternehmen. Ich fragte das Wachpersonal über ihn aus, diese wussten mehr als alle anderen über ihn. Viele Führungskräfte hielten regelmäßig Schwätzchen mit den Pförtnern und selbstverständlich war ein Neuer im Bunde bevorzugtes Gesprächsthema; so funktionieren Firmen halt – wie ein ewig gackernder Hühnerstall. Ich erfuhr, dass er in Gesprächen oft Informationen über sein Gegenüber zur Hand hatte, wodurch Unterhaltungen mit ihm sehr angenehm waren. Für mich alles klar: Dieser Mann ist Netzwerker. Er liest sich im Vorfeld Personalakten durch und nutzt so wie ich Socialising als Waffe, um nebensächliche Informationen über andere zu erfahren und Dialoge durch Gemeinsamkeit zu steuern. Ich vermutete, dass er kleine Notizen über jedermann anfertige, um andere sich gläsern und berechenbar zu machen.

Meine Präsentation beinhaltete eine Berechtigtenliste, die sogenannten „Eingeladenen". Ihn hatte ich außen vor gelassen, namentlich nicht erwähnt. Er sollte denken, dass ich ihn nicht „auf dem Radarschirm" habe, erschien mir aus dem Bauch heraus richtig so. Im besten Fall könnte er das so interpretieren, dass ihm die Rolle des Saubermanns zugedacht sei; als Neuling war er inhaltlich unvorbelastet. Ich mag versteckte Botschaften und zweideutige Redewendungen, sie machen das Leben interessanter, geben Raum für eigene Interpretation. Wahrscheinlich habe ich zuviel „Prison Break" angeschaut; ich war immer fasziniert vom Katz-und-Maus-Spiel zwischen Michael Scofield und Agent Malone. Ich hatte zwar meine Zweifel, ob S die Rolle eines Alexander Malone ausfüllen könnte, aber der Gedanke war reizvoll und optische Ähnlichkeit zwischen beiden war nicht zu bestreiten. Ich ging allerdings nicht davon aus, dass er oder andere sich jetzt oder in naher Zukunft in meinen Texten auf Suche nach geheimen Botschaften machen würden. War eigentlich auch besser so: Für unser gemeinsames Spiel war besser, wenn nur ich die Spielregeln kannte. Für Valeo reichte vollkommen, fleißig am Ball zu bleiben, immer schön zu reagieren und blind ins offene Messer zu rennen. Denn spätestens jetzt beim Lesen wird jeder sagen „Das war doch offensichtlich, worauf das hinausläuft. Und ihr wollt Strategen sein, denen man Konzernverantwortung zutraut? Na dann gute Nacht, Aktienkurs!"

Ich kam Freitag erst spät nachmittags in die Firma. Die Wachleute informierten mich, dass ich von S erwartet werde, sofort in die dritte Etage kommen soll. Er empfing mich bereits an der Tür, schüttelte mir die Hand, fragte sofort, wie es mir geht. Er setzte sich, wippte in seinem Chefsessel herum, während ich recht steif gegenüber saß. Ich wusste nicht, was mich erwartet, ging zur Sicherheit in Abwehrstellung. Erst mal abwarten und zusehen, wie sich das entwickelt.

S fing das Gespräch mit Lobpreisungen an, erzählte mir, wie intelligent ich bin und wieviel Mühe ich mir mit meiner Arbeit gemacht haben müsse. „Alles was Recht ist" sei nicht nur außergewöhnlich geschrieben, sondern zeuge von viel juristischem Know How. Er erzählte mir von seiner Zeit an der Universität, davon dass er in erster Linie Geschäftsmann ist, Jura ihn aber sein Leben lang „wie eine Art von Hintergrundrauschen" begleiten werde. Ich hörte schweigend zu und konzentrierte mich auf seine Körpersprache und Mimik. Er trug keine Krawatte, das Hemd blau-weiß gestreift, die obersten beiden Hemdknöpfe geöffnet. Vor sich auf dem Tisch lag ein Mercedes-Benz Autoschlüssel, hin und wieder wedelte er damit herum. Er wollte wohl dadurch testen, wie ich auf materielle Anreize reagiere. Ich tat ihm den Gefallen, starrte auf den Autoschlüssel und dachte dabei „Schade, dass Du kein Saab fährst." Er turnte so richtig in seinem Bürosessel herum, drehte sich hin und her, lehnte sich vor, wieder zurück. Sein Tonfall war angespannt, widersprach dem Bemühen, locker und lässig zu wirken.

Ich redete nur wenig, kaum auch gar nicht dazu. Er zog vor, mir zu erklären, wie ich fühle und was ich denke. So erfuhr ich von ihm, dass ich verärgert und aufgeregt sei. Ich könne ganz beruhigt sein, Valeo nimmt mein Anliegen sehr ernst – Vertraulichkeit gegenüber Randstad absolute Ehrensache. Er selber sei bestürzt gewesen, als er las, wie Randstad seine Leute behandelt. Er ging anfangs nur auf die Dinge ein, die ausschließlich Randstad betrafen; falsche Entgeltgruppierung, zu geringe Krankheitsfortzahlung und so Zeugs. Er verriet mir „im Vertrauen", dass Valeo Randstad schon lange auf dem Kieker hat, das Wissen über Randstads Verfehlungen keine Neuigkeit für ihn sei. Ich sagte „Aha, schön", und brachte ihn auf Scheinwerkvertrag & Co. KG zu sprechen. Das war zwar kein feiner Zug von mir – der Mann bot mir gerade Freundschaft und Friedenspfeife an -, aber feine Züge sind nichts für mich – ich fahre gerne Bretterklasse.

Das Thema passte ihm nicht, aber ich machte mir keine Sorgen, dass er es nicht passend machen könnte. Er habe sich, „natürlich", bereits mit der Thematik Scheinwerkvertrag innerhalb Valeos beschäftigt; schließlich hatte just zu jener Zeit das Landgericht Stuttgart bezüglich eines ähnlichen Falles – zwei externe Mitarbeiter bei Daimler hatten geklagt - ein Urteil gefällt. Er sei kein Freund von Werkverträgen, meinte er. Ginge es nach ihm, sollten alle Leute direkt bei Valeo arbeiten. „Tun sie", warf ich ein. „Die Leute arbeiten direkt bei Valeo. Nur nicht direkt für Valeo". Er grinste gequält. Das mit Randstad sei wichtig, aber nicht einziges Problem, das er vorgefunden habe. Es gebe noch ganz andere Bereiche innerhalb des Unternehmens, wo ebenfalls Lösungen gefragt seien, zum Beispiel die Werkverträge der vielen externen Ingenieure, außerdem Selbständige, die zu hundert Prozent nur für Valeo arbeiten. All das gefalle ihm überhaupt nicht, aber gut Ding will Weile haben. Ich habe ausgerechnet die französische Haupturlaubszeit erwischt und die Entscheidungsträger sind zur Zeit alle abwesend. Ich müsse also Verständnis haben und Geduld aufbringen, bis man sich im Unternehmen um Randstad und mich kümmert. Er wedelte weiter mit dem Autoschlüssel vor meiner Nase und setzte auf die Karte, mich zu beruhigen, damit ich nicht unbedacht handle. Ich registrierte erstaunt, dass er damit sich selbst beruhigte, obwohl ich mich bislang kaum geäußert hatte. Er notierte mein Schweigen als Zustimmung; dabei war ihm vollkommen entgangen, dass ich keinerlei Aufregung bezüglich der Sache an sich zeigte, diese ausschließlich situationsbezogen war. Schließlich ist es für mich keine Selbstverständlichkeit, als kleiner David einem Goliath den Fehdehandschuh ins Gesicht zu schlagen und diesem dann eiskalt von Angesicht zu Angesicht gegenüber zu treten. Dass ich mich beruhigte, lag an der Feststellung, meinen erfahrenen Gegenspieler genauso hektisch und unruhig wie mich zu sehen.

Ich fragte, was mit ihm sei. Zu Beginn des Gesprächs hatte er mir neben seinem Werdegang ja auch seine Position innerhalb des Unternehmens erklärt. Er sei Teil der Geschäftsleitung, sagte er mir. Mit ihm und V wären sie bereits zu zweit. Júlio César und Pompeius Magnus hätten einst ebenfalls die Alte Dame und Rom alleine durch Zeiten der Not geführt. Er kam deshalb auf V zu sprechen. Diesem gegenüber hätte ich den Wunsch geäußert, dass ich vor dem Valeo-Vorstand meine Präsentation halten wollte. Dies ließe sich problemlos einrichten, ich müsste nur drei Wochen Geduld haben – dann wären alle auf meiner Liste wieder da. Ich grinste und sagte „Warum sollte ich das noch wollen? Ich wollte Nichtjuristen die Präsentation von juristisch zu deutsch übersetzen – das können Sie viel besser als ich, Herr Jurist.“

Ich wollte nicht wie ein russischer Kampfpanzer erscheinen, minimales Entgegenkommen erschien mir angebracht. Deshalb bot ich ihm einen Kompromiss zum vollständigen Konzernumbaus innerhalb acht Tagen an.

Ich würde mich damit zufrieden geben, wenn er sich innerhalb der acht Tage – auf Deutsch: bis kommenden Donnerstag – bei mir meldet und Feedback gibt, welche Schritte Valeo jetzt zu unternehmen gedenkt. Er gab sich damit zufrieden. Ich verabschiedete mich und ließ einen entspannten S im Büro zurück.

Zwischenspiel

Was unterscheidet mich von einem gemeinen Erpresser? Eine berechtigte Frage.

Bei einer Erpressung versucht der Täter, sich selbst oder Dritte rechtswidrig durch Gewalt oder Androhung empfindlichen Übels zu Lasten eines anderen zu bereichern. Ich verrate kein Geheimnis, wenn ich sage, dass ich jederzeit bereit bin, mich kaufen zu lassen – es ist reine Frage des Preis. Grund dafür ist, dass die Art des Kampfes, die ich führe, an meine Substanz geht. Ich stehe alleine gegen viele, bin diesen erst mal in jeder Hinsicht unterlegen. Diese sind gebildeter als ich, haben mehr Geld, können sich Söldner kaufen, die man gegen mich in den Kampf schickt. Business ist hartes Brot, bei der Methodenauswahl zeigen sich Gegner nicht gerade zimperlich. Was Firmen auf den Tod nicht leiden können, sind Idealisten, die Dinge ihrer selbst Willen unternehmen. Diese Leute kann man nicht klassifizieren, mit ihnen nicht verhandeln. Sie teilen die Welt in Schwarz und Weiß, in Gut und Böse. Sie sind die Guten, die anderen die Bösen, dabei ist kaum einer meiner Gegenspieler in Wirklichkeit klassischer Schurke. Die Leute machen einen Job, für das, was sie tun, werden sie gut bezahlt. Recht ist in der Wirtschaft keine Sache, die von Gerichten oder Rechtsabteilungen entschieden werden, sondern eine Frage der Kalkulation. Fahren Firmen besser damit, Recht einzuhalten, wird das getan, ist der Vorteil von Rechtsbruch unter dem Strich größer, macht man das. Rechtsabteilungen haben reine Beratungsfunktion, sie sagen der Geschäftsführung, welche Handlung welche Konsequenzen mit sich bringt. Entschieden wird auf strategischer Ebene, im Vorstand.

Ich habe nie irgendwelche Forderungen gestellt, sagte keinem „Gib mir das und das oder ich wende mich an die Justiz". Ich war selbst Betroffener, hatte berechtigtes Interesse daran, dass Änderungen herbeigeführt werden. Meine Präsentation widmete sich im abschließenden Kapitel „Deeskalation" der Frage, welche Rechte und Pflichten ich habe. Habe ich Kenntnis von einem strafrechtlich anzeigepflichtigen Verbrechen? Muss ich deshalb unbedingt zur Polizei? Verlangt die Mitgliederverordnung der IG Metall, dass ich den zuständigen Gewerkschaftssekretär unverzüglich über Missstände in Kenntnis setze? Verrate ich womöglich Betriebsgeheimnisse, die mir aufgrund einer Vertrauensstellung innerhalb des Unternehmens zuteil wurden? Alles mit Ausnahme der Gewerkschaftsfrage konnte ganz klar mit „Nein" beantwortet werden. Bezüglich der IG Metall lag eine gewisse Pflicht vor, allerdings wählte ich einen rechtlich sicheren Trick an, dies vorläufig zu umgehen: Ich berief mich auf Unternehmensloyalität, konnte dadurch glaubhaft vermitteln, dass es richtig ist, der Firma ein paar Tage Karenzzeit zu gewähren, um Probleme ohne Druck von außen eigenständig zu lösen. Darüber hinaus läge es im Einfluss der Unternehmen, für gewerkschaftliche Klarheit zu sorgen: Man könnte mich zum Beispiel in leitende Position hieven, dann läge meinerseits keine Gewerkschaftspflicht mehr vor.

Alles, was ich unternahm, erfüllte nicht die Rechtswidrigkeit. Ich nötigte die Unternehmen zu Handlungen, klar, aber meine Forderung lautete

„Löst die Probleme, ansonsten hole ich Hilfe von außen, damit diese gelöst werden", niemals „Plomo o Plata – Blei oder Silber!".

Ein Bekannter von mir führte zur selben Zeit einen inbrünstigen Kampf für Testfahrer mit Scheinwerkverträgen beim VW-Konzern. Er holte sich Hilfe von Parteien, schrie medial Zeter und Mordio und unterstützte die Leute, wie er konnte. Ich hatte dem Klassenkämpfer mit Tipps und Tricks beiseite gestanden, stellte ihm meine juristischen Netzwerke zur Verfügung und empfahl, sich darauf einzurichten, dass er irgendwann gekauft werde; er möge sich zumindest nicht billig herschenken. Der Klassenkämpfer war entrüstet, empörte sich darüber, dass ich so was von ihm denken würde. „Niemals!" Monate später waren er und sein Kampf von jetzt auf gleich verschwunden, ein Mantel des Schweigens über der Sache ausgebreitet…

Unser Wirtschaftssystem reflektiert die Menschen wieder, die Teil davon sind. Nur wenige sind selbstlos, geben sich vollkommen einer Sache hin. Jeder hat seine Grenze der Belastbarkeit, jeder seinen eigenen Preis. Ob das gut oder schlecht ist, kann ich nicht beurteilen. Es ist menschlich. Ich zumindest sehe sich mit moralischem Recht im Rücken kaufen zu lassen dann als ehrenhaft an, wenn der erzielte Preis dermaßen hoch ist, dass jeder normale Mensch sagt: „Ganz ehrlich: Für diese Summe hätte ich genauso gehandelt!"

Acht Tage

Ich war neugierig, ob S die Frist verstreichen lässt. Es erschien mir logische Schlussfolgerung: Wäre ich er, würde ich annehmen, dass die Situation unter Kontrolle ist, dem Bübchen eine Karotte vor die Nase gespannt und damit schön gelenkt werden kann, bis man sich seiner irgendwie entledigt. Schließlich war ich nur kleiner, dummer Testfahrer – vielleicht mit Eiern, aber ohne genug Verstand. 'Den bomben wir von Randstad zum Stadtrand, den Penner; was glaubt der, wer er ist? Rob-B-Hood?'

Im guten Gefühl, weiterhin unterschätzt zu werden, ging ich vergnügt dem Tagesgeschäft nach. Valeo behandelte meine Projektarbeit streng vertraulich. Nichts drang aus der Ebene der Geschäftsführung. Weder mittleres Management noch Aufsichts- oder Betriebsrat bekamen etwas davon mit. Auch Randstad wurde zu diesem Zeitpunkt außen vor gelassen. Es waren zwar Gerüchte im Umlauf, diese besagten allerdings, dass Valeo mit mir bezüglich eines gehobenen Posten in Verhandlung stehen würde.

Ich war die komplette folgende Woche über auf Testfahrt in BeNeLux unterwegs, hatte hierfür ein feines Vier-Sterne-Hotel im Zentrum Maastrichts bezogen. Die Fahrten waren vor allem nachts, sodass ich die Tage am Pool liegend verbrachte und mir gedanklich wieder und wieder unser Gespräch vor Augen führte. Ich war ununterbrochen am telefonieren, erkundigte mich bei verschiedensten Stellen bezüglich der Information, mit denen S mich zu beschwichtigen versuchte. Er hatte mir unbeabsichtigt verraten, dass Valeo viel größere Probleme als „das bisschen Scheinwerkvertrag" habe. Und ich habe bis heute nicht verstanden, wie S nur auf so eine Idee kommen konnte. Er war doch Profi! Seit wann lenkte man mit Hinweis auf den faulenden Fuß vom schwarzen Zeh ab? Gibt es wirklich Menschen, bei denen das funktioniert? 'Höchstens bei den Marx Brothers', dachte ich mir. Und natürlich: Harpo, Groucho, Zippo, Gummo, Zeppo – es fehlen da noch Leo und Karl!

Wie auch immer: Ich wusste schon vorher, dass eine ganze Rotte an externen Ingenieuren im Hause Valeo beschäftigt war, allerdings hatte ich bis dahin kaum darüber nachgedacht, dass dieselben Gesetze und Gesetzmäßigkeiten, die für Randstädter gelten, auch auf Akademiker Anwendung finden. Diese Leute waren genauso umfassend ins Unternehmen eingebunden wie wir. Auch sie arbeiteten Hand in Hand mit Valeos Rumpfmannschaft zusammen. Es war rechtlich gesehen zweimal das Gleiche. Es spielte keine Rolle, ob die Probleme dieselbe Ursache hatten.

Die Zeit in Maastricht verging wie im Flug; kaum angekommen hatten wir schon Donnerstag. Heute endete die Deadline, bis wann S sich melden sollte. Ich erwähnte bereits, die acht Tage habe ich nicht willkürlich gewählt. Es entspricht exakt der Frist, die Valeo seinen Lieferanten zur vollständigen Beseitigung jeglicher Verstöße einräumt. Nach Ablauf hat Valeo das Recht, Geschäftsbeziehungen mit sofortiger Wirkung abzubrechen und Schadensersatz vom Lieferanten zu fordern. Ich verbrachte den Tag wieder am Swimmingpool, achtete auf Telefon und iPad, doch kein S meldete sich.

Ich bin ein Weichei, nicht hundert Prozent meiner eigenen Linie treu. Genau damit hatte Valeo gerechnet und ich wollte nicht enttäuschen: Ich wartete noch Freitag bis spätabends ab und schickte S gegen 22 Uhr eine E-Mail, in der ich ihn informierte, dass er gegen die Abmachung verstoßen habe und ich deshalb – wie in der Präsentation beschrieben – Politik, Zoll, Medien und Gewerkschaft einschalte. Alles weitere habe er zu verantworten. Er reagierte innerhalb von fünf Minuten, wollte wissen, was ich fordere. Ich antwortete „Nichts! Macht's gut und danke für den Fisch!"

Fuchs, die haben die Gans gestohlen

Als erstes leitete ich alles an die Gewerkschaft weiter. Die IG Metall stellt fünfzig Prozent der Mitglieder im Valeo-Aufsichtsrat. Der stellvertretende Aufsichtsratsvorsitzende ist gleichzeitig Chef der IG Metall in Waiblingen. Ich rief ihn direkt an, ganz legitim: Die für mich zuständige IG Metall Vertretung Ludwigsburg war wegen Urlaub geschlossen, Waiblingen offiziell mit der Vertretung beauftragt. Durch ihn fanden meine Dokumente direkten Zugang zu Valeos Betriebs- und Aufsichtsrat. Die Betriebsratsvorsitzende B traf ich Tage später zu einem stundenlangen Gespräch – S wäre auf meine Gesprächstechnik stolz gewesen.

Ich hatte meine Hausaufgaben gemacht, wusste mehr über B, als dieser Recht sein konnte. Sie berichtete mir ausführlich, wie alles innerhalb Valeos so furchtbar schief gehen konnte: Das Management hatte jahrelang den Betriebsrat vertröstet, notwendige Strukturen aufzubauen. Während das Unternehmen immer neue Geschäftsfelder erschloss, wählte man zu Beginn das Provisorium in Bezug auf alles, was Mitarbeiter, Leiharbeiter, externe Kräfte und sonstigen „rechtlich notwendigen Quatsch" betraf. Die Manager wollten sicherstellen, dass man auf neuen Märkten erst mal Fuß fasst, bevor alles weitere geklärt wird. Nachdem die Geschäftsfelder Profit erwirtschafteten, unterließ man aus Bequemlichkeit und Kostengründen, offene Fragen neu aufzuwerfen, weil „anscheinend funktioniert's ja auch so – wo kein Richter, da ist Spiel". B war von meinem rechtlichen Sachverstand beeindruckt, bat mich offen um Unterstützung, da in weiteren Bereichen, zum Beispiel beim Wachpersonal, gegen geltendes Recht verstoßen wird und keinen es kümmert; weder Vorstand noch Einkauf geben Antwort auf offene Fragen des Betriebsrats. S „Karl-Marx-Brothers"- Konzept, kleine Verstöße durch Aufzeigen größerer Probleme zu relativieren, schien Usus bei Valeo zu sein. Als ich fragte, wie besorgt Valeos Verantwortliche wegen mir sind, antwortete sie: „Sehr. Man hat offen Angst davor, dass Du eine Lawine ungeahnten Ausmaß lostrittst. Wenn alles ans Tageslicht kommt, war es das für uns – 1.800 Leute sitzen auf der Straße". Ich sagte das, was man in solchen Situationen immer sagt: „Oje, die Armen!" Danach kehrte ich grinsend an meinen Arbeitsplatz zurück. Oje, die Armen!

Während man bei Valeo fieberhaft überlegte, wie was zu tun ist, um die Situation zu entschärfen, verlegte sich Randstad darauf, Gerüchten bezüglich meiner Person nachzujagen. Eines lautete, dass ich komme und gehe, wann immer ich wolle, meine Stundenzettel belegen das – und zwar seit Tag Eins meiner Firmenzugehörigkeit. Ich wohnte quasi vor der Tür, arbeitete in der Entwicklung. Meine Flexibilität war einzigartig; Valeo war begeistert davon, dass ich manchmal fünfmal am Tag zum Arbeiten kam. Für Randstad war das plötzlich höchst verdächtig. Desweiteren habe man gehört, ich hätte einmal Sonntags gearbeitet haben, obwohl das bei Valeo strikt verboten ist. Ich wurde zur offiziellen Stellungnahme aufgefordert. Meine Stellungnahme lautete, dass ich zu Gerüchten keine Stellung nehme.

Seit dem 14. August waren inzwischen mehrere Wochen vergangen. Valeo hielt mich durchgehend auf Trab, schickte mich am laufenden Band ins Ausland. Man schien davon auszugehen, dass ich keinen Schaden anrichten kann, wenn ich ständig unterwegs bin. Ausgerechnet im Ausland fand ich den letzten Tropfen, der das Fass zum Überlaufen brachte.

Vienna Calling

Ich war mal wieder in der Alpenrepublik unterwegs, diesmal in Wien und Niederösterreich. Am vorletzten Tag fuhren Katharina und ich – sie hatte sich zu meiner Dauerbegleiterin ins Ausland entwickelt – in Richtung Salzburg, am nächsten Morgen ginge es zurück in die Heimat.

Wir legten Zwischenstopp an einer Autobahnraststätte ein, Katerina musste aufs Klo. Ich blieb beim Auto, vertrat mir die Beine, als neben mir ein Privatfahrzeug hielt. Ein uniformierter Zöllner stieg aus, zündete sich eine Zigarette an. Er führte mit mir Smalltalk, wir sprachen über österreichischen Fußball; am Vortag hatte die U21-Nationalmannschaft 2:6 gegen Spanien verloren. Er nahm dabei unsere Kamerabauten im Fahrzeug in Augenschein, fragte neugierig, ob ich dafür eine datenschutzrechtliche Freigabe besitze. In Österreich wäre es unbedingte Pflicht, wenn Aufnahmen Datenschutzrechte Dritter verletzen. Dies ist immer dann der Fall, wenn Nummernschilder, Gesichter oder sonstige Merkmale, wodurch der Einzelne aus der Masse heraus identifiziert werden kann, aufgenommen werden. Ich sagte ehrlich „Nicht, dass ich wüsste", und er meinte, dass heute mein Glückstag sei. Er habe bereits Feierabend und „für aan Piefke bist ganz g'scheid, daher verzichte er auf Anzeige. Normalerweise wäre jetzt nach österreichischer Gesetzgebung Geld- bis hin zur Freiheitsstrafe fällig. „Dei' Firma kannst's bei Dir bedanken, Bub!" Wie recht er doch hatte, der verehrte, gscherte Freund!

Ich rief meinen speziellen Freund, den für das Projekt verantwortliche Abteilungsleiter K, an und fragte, was zu tun ist. Dieser entschied, dass wir vorläufig weiterfahren und fleißig weiter aufnehmen sollten. Neun Monate vorher gab es eine ähnliche Situation: Damals war es keine Frage bezüglich Datenschutz, sondern einer gesprungenen Windschutzscheibe. Der Riss war fünfzehn Zentimeter lang, befand sich links oben am Rand. Das Fahrersichtfeld war nicht direkt beeinträchtigt. Rein rechtlich gesehen handelte es sich allerdings um den sogenannten Fahrersichtbereich – würde der Testfahrer angehalten, bekäme dieser als Fahrzeugführer eine Strafe aufgebrummt, da er an erster Stelle für Mängel am Fahrzeug verantwortlich ist. Eine Geldstrafe kann ein Unternehmen vielleicht übernehmen – machten Valeo und Randstad übrigens nicht („Selbst schuld!") -, bei Punkten in Flensburg ist das aber nicht möglich. Das betroffene Fahrzeug war wichtig für die Testplanung, deshalb bat uns der verantwortliche Entwicklungsmanager, trotzdem zu fahren. Ich weigerte mich, forderte meine Kollegen dazu auf, es gleichzutun. K, der Entwicklungsmanager und zwei weitere Ingenieure berieten sich damals wegen der Sache und mir. Sie entschieden, dass ich im Unrecht bin. Meine Kollegen gaben daraufhin nach, machten, was von ihnen verlangt wurde. Ich blieb stur und empfahl, sich nicht zu beraten, sondern an fachkundiger Stelle zu erkundigen, wenn man mir oder dem von mir zitierten Gesetzesauszug nicht Glauben schenken will. Man gab zähneknirschend nach, holte Auskunft ein. Hätte ich falsch gelegen, wäre ich mit Sicherheit gefeuert worden – Besserwisser und Unruhestifter braucht man nicht. Wenige Minuten später erging die Verfügung, dass das Auto bis zur vollständigen Beseitigung des Schadens nicht mehr eingesetzt werden dürfe. Gedankt wurde mir nicht, war aber auch nicht nötig. Die Russen sagen „Danke kann man nicht in die Tasche stecken!" Ich schließe mich der Aussage an. Ich erinnerte K daran, sagte ihm, dass wir erneut derselben Situation gegenüberstehen und ich deshalb vor Ort die Entscheidung treffe, dass wir die übrigen Kilometer bis hin zur deutschen Grenze keine Aufnahmen mehr machen. Denn Gesetz ist Gesetz und in Österreich gebe es keinen Franzosenbonus.

Zurück zuhause beschäftigte ich mich sofort mit der Frage, wie es im Allgemeinen bei Valeo und unserer Arbeit in Bezug auf Datenschutz aussieht und stellte erstaunt fest, dass wir jahrelang sowohl gegen in- und ausländische Datenschutzrichtlinien verstoßen hatten. In unserem Archiv lagerten zehntausende von Stunden an Verkehrsaufnahmen, auf denen sämtlich Nummernschilder, Gesichter und sonstige Merkmale zur Wiedererkennung von Individuen unzensiert zu sehen waren. Ebenso wurde keiner der damit Betrauten jemals in Datenschutzfragen geschult, geschweige denn ausgebildet. Wir hatten jahrein jahraus Persönlichkeitsrechte vieler hunderttausend EU-Bürger unwissentlich verletzt. Das zu wissen kann man von Randstad-Mitarbeitern nicht erwarten – es übersteigt sowohl deren Gehalts- als auch Wissenslevel. Verantwortliche Manager hätten so etwas allerdings wissen müssen – schließlich gehört das zu ihrer Aufgabe. Ich holte hierzu intern weitere Erkundigungen ein und erfuhr von einem von Valeo 2011 in Auftrag gegebenes Rechtsgutachten, welches sich unter anderem auch dieser Frage widmete. Ebenso erhielt ich von Unterstützern E-Mails zugespielt, die deutlich machten, dass die Valeo-Führung bereits damals intern auf Datenschutzprobleme aufmerksam gemacht wurde, darauf aber weder von Seiten des Vorstands noch Bereichsleitung reagiert wurde. Man war in Bezug auf Datenschutz genauso wie beim Arbeitsrecht verblieben: Niemand wollte die Entscheidung treffen, die Kinderschuhe abzustreifen. Es war billiger, den Status Quo beizubehalten und sich darauf zu verlassen, dass alles gut geht. Die Wahrscheinlichkeit, dass irgendein Testfahrer ausgerechnet auf DEN EINEN Beamten trifft, der solch spezielle Regelungen zufällig kennt, war verschwindend gering. Dass ausgerechnet ich dem Einen über den Weg laufe war Pech – oder Schicksal.

Ich kam Samstag nach Hause, Montag Mittag startete ich bereits wieder in Richtung Paris – es sollte meine letzte Fahrt für Valeo werden.

Notbremsung aufs Abstellgleis

In „Der Pate II" sagt Michael Corleone: „Halte Deine Freunde nahe bei Dir, Deine Feinde noch näher." Ich wartete bereits seit Wochen darauf, von jetzt auf gleich rausgeworfen zu werden. Bislang war das aber noch nicht eingetreten. Valeo sah als sinnvoller an, mich an der kurzen Leine unter vermeintlicher Kontrolle zu halten. Doch diesmal wusste ich, dass es jetzt wohl soweit ist. In den vier Wochen seit dem ersten Angriff war aus einem kleinen Schneeball namens Scheinwerkvertrag 20 betroffener Randstad-Fuzzies eine Lawine von Verstößen zusammengekommen, die Scheinwerkverträge und Scheinselbständigkeit in mehreren hundert Fällen umfasste, dazu noch der Neckbreaker Datenschutz.

Die Fahrt führte mich nach Rambouillet, einer kleinen Stadt südwestlich von Paris. Ich residierte keine hundert Meter des Schlosses entfernt, wo 14 Jahre zuvor der Vertrag von Rambouillet ausgehandelt wurde, ein niemals in Kraft getretener Friedensvertrag zwischen Kosovo-Albanern und der Bundesrepublik Jugoslawien. Die Nichtunterzeichnung des Vertrags durch Jugoslawien diente der NATO als Begründung für die Bombardierung des Balkanstaates. Es war also ein denkwürdiger Ort, den mir das Schicksal als letzten Einsatz ausgewählt hatte.

Das Paket war jetzt dick genug, um den nächsten Schritt in Angriff zu nehmen. Es gab zwar mit Sicherheit noch tonnenweise Leichen im grünen Keller, aber das Ochsenjoch schnürte der Firma schon jetzt ordentlich die Luft ab. Valeo hatte inzwischen Hilfe von außen gesucht und ein Team der renommierten Anwaltskanzlei Gleiss, Lutz & Partner - „Germans Law Firm of the Year 2013" - durchstreifte für knapp 500 Euro Honorar pro Mann und Stunde Bietigheims Flure, um mit mir und der Situation fertig zu werden. Als ich - in der Badewanne liegend – davon erfuhr, dass sich augenblicklich gleich ein ganzes Rudel dieser Schwergewichte mit meiner 10€-Präsentation beschäftigt und Valeo dafür Stunde für Stunde tausende von Euros verballert, musste ich fast weinen vor Lachen – vor allem, nachdem diese Hunderttausend Euro später zum Ergebnis kamen, dass meine Präsentation richtig ist, in der Tat Scheinwerkverträge und Scheinselbständigkeit vorliegen. Dabei hatten diese eindeutig die einfachere Aufgabe als ich; sie mussten ja nur prüfen, ob meine Thesen richtig sind, hatten dazu noch offen Zugang zu allen internen Quellen. Noch immer in der Badewanne liegend entwarf ich meinen eigenen Entwurf eines Friedensvertrags von Rambouillet, erklärte darin dem Aufsichtsrat, dass mir persönlich vollkommen egal ist, ob die Valeo Schalter und Sensoren GmbH überlebt oder untergeht – ich bin so aufgestellt, dass ich in beiden Situationen das Spielfeld als Gewinner verlasse. Ich verlangte, in Zukunft kompetentere Gesprächspartner als die bisherige Crew rund um S entgegengesetzt zu bekommen. „Wo steckt euer Agent Malone?", fragte ich. „Ist das alles, was Ihr habt? Diese hier sind anscheinend mit strategisch Denken überfordert. Next, please!" Manchmal muss man den Tiger bei den Eiern packen, damit Bewegung in die Sache kommt. Ich hatte schließlich einen Zeitplan einzuhalten…

Auf der Rückfahrt kaufte ich nochmals ordentlich Bier für die Daheimgebliebenen ein und verteilte dieses großzügig nach unserer Ankunft in Bietigheim. Es war Donnerstag, der 19. September 2013. Um 16:30 war ich zurück im Büro, um 16:45 erhielt ich von Randstad den Anruf, indem man mich darüber in Kenntnis setzte, dass ich mit sofortiger Wirkung vom Projekt freigestellt bin. Ich sollte unverzüglich meine Sachen packen und das Firmengelände verlassen.

Obwohl meine Planung von Anfang an auf genau diesen Augenblick hinauslief, war sein Eintreten trotzdem ein Schock: Ab sofort würde ein neues Kapitel in meinem Leben beginnen. Von diesem Tag saß ich bis zur letzten Patrone nur noch zuhause.

The Days after

Am kommenden Tag besuchte ich Randstad Ludwigsburg. Niemand verlor einen Ton darüber, warum Randstad bestes Pferd im Valeo-Stall von jetzt auf gleich gekickt wurde. Dabei war solch Kurzfristigkeit selbst bei Randstad ungewöhnlich. Geschah so etwas, hatte das gewöhnlicherweise ein ernsthaftes Gespräch mit der Niederlassungsleiterin zur Folge. Nicht so bei mir. H, die von K zwischenzeitlich meine Betreuung übernommen hatte, erzählte mir etwas von Randstads Kulanz; da ich an der Abmeldung keine Schuld trage, habe sich Randstad entschlossen, mich die nächsten Wochen zu unveränderten Bezügen wie bei Valeo weiterzubezahlen. Das sei eine ganz tolle Geste der Firma („Sehen Sie, wie fair wir sind?"). Was sie dabei verschwieg, mir aber eine offene Notiz auf ihrem Schreibtisch und mein Vögelchen im Dunstkreis des Valeo-Vorstands verriet, war, dass Randstad dafür bezahlt wurde, mich bei vollem Gehalt zuhause zu lassen. Ich wusste, dass meine Anwesenheit in Bietigheim-Bissingen von da an nicht mehr notwendig wäre, konnte demnach beruhigt nach Greifswald fahren und die nächsten Schritte bequem von zuhause aus in die Wege leiten. Mit Bier und Laptop am Hafen sitzend führt sich leichter Krieg als von Mutters Wohnzimmercouch aus fernab der Heimat.

Bora und ich planten die Rückfahrt für den 24. September – ich wollte die Gelegenheit nutzen und auf der Heimfahrt einen Umweg über München machen, damit Bora ein Fußball-Spiel in der Allianz-Arena sieht. Zwei Tage zuvor endete mit der Bundestagswahl ihr Praktikum bei Eberhard

Gienger, sodass mein geschasst werden gerade zum richtigen Augenblick geschah.

Das bringt mich zu den Ergebnissen meiner Mühen in Bezug auf Politik, Zoll, Medien und Gewerkschaft. Diese verliefen nach außen hin allesamt negativ: Das Team Eberhard Giengers wollte das Thema nicht vor der Wahl verwenden, da des Bundestagsabgeordneten Themenschwerpunkt erstens Gesundheitspolitik sei und er zweitens auch ohne Valeo die Wahl gewinnen würde. Gienger bot mir an, sich nach der Wahl darum zu kümmern, sofern ich dann noch Interesse habe. Er könne das Unternehmen besuchen, würde notfalls einen Staatssekretär oder sonst wen mitbringen, falls Valeo sich weigern sollte, etwas zu unternehmen. Öffentlich auf die Pauke hauen wäre nicht seine Art, sei sie noch niemals gewesen.

Sein direkter Konkurrent von der SPD dagegen war genau hierfür wie geschaffen. Erst Monate vorher hatte er beim SPD-Landesparteitag für einen „Skandal" gesorgt, als er als Kreisverbandschef erfolglos zur Kampfkandidatur gegen seinen eigenen Stellvertreter um einen aussichtsreichen Listenplatz antrat. Wer sich politisch engagiert, weiß, dass feine Art anders aussieht – in der Welt von Fraktionszwang und Parteizusammenhalt macht man so was nicht. Als bekennender „Anwalt für den kleinen Mann" war er sofort von der Materie begeistert und wollte anfangs lieber gestern als morgen medial zuschlagen. Doch genauso, wie er anfangs kaum abwarten konnte, etwas zu unternehmen, ruderte er von jetzt auf gleich volle Kraft zurück und brach mit einem Mal den Kontakt zu mir ab. Seine Ehefrau war Leiterin der örtlich für Valeo zuständigen IG-Metall in Ludwigsburg.

Dort sah man anscheinend Versäumnisse und Verstrickungen örtlicher IG Metall-Mitglieder innerhalb Valeos Aufsichtsrat als nicht förderlich für Ruf und Karriere an.

Der Zoll wertete meine Projektarbeit als Anzeige, dort war man auch sehr interessiert an der Sache. Letztendlich aber verzichteten diese darauf, weitere Schritte einzuleiten, da das Personal zu knapp und der Umfang notwendiger Ermittlungen das Einverständnis der Staatsanwaltschaft voraussetzte. Außerdem sei davon auszugehen, dass Valeo dank mir aufgeschreckt genug sei und Gegenmaßnahmen einleitet, sodass man voraussichtlich sowieso zu spät am Tatort eintrifft. Man dankte mir für mein Bemühen und verzichtete darauf, weitere aussagewillige Zeugen vorzuladen.

Die Gewerkschaft dagegen war vollkommen damit beschäftigt, sich selbst zu schützen. Die IG Metall war Valeo lange Zeit gegenüber im Vorteil; ich hielt dem Konzern einen Teil meiner Gutachten vor, stellte diese stattdessen nur der Gewerkschaft zur Verfügung. Diese sollten einen Zeit- und Wissensvorsprung gegenüber unseres gemeinsamen Gegners haben. Doch anstelle gewerkschaftsinterne Rechtsanwälte damit zu betrauen, stellten diese alles vollumfänglich Valeo zur Verfügung, machten ihren Einfluss im Aufsichtsrat geltend, um „Prüfungen einzuleiten". Ich war anfangs 'not very amused' darüber, für so etwas brauchte ich keine zwischengeschaltete Gewerkschaft. Ich besuchte den Leiter Waiblingens, Gewerkschaftssekretär F. Ich erzählte ihm von meiner Idee, an der Valeo Schalter und Sensoren GmbH ein mahnendes Exempel für alle anderen Unternehmen zu statuieren, die meinen, schlauer als das Gesetz sein zu müssen. Ich weiß nicht, in welcher Funktion er mir antwortete – als mein Gewerkschaftssekretär oder Valeos Stellvertretender Aufsichtsratsvorsitzender – aber er meinte, dass die IG Metall so etwas „nie nie nie" machen würde, wenn dadurch Metaller-Arbeitsplätze gefährdet werden. Würde er genau hinsehen, fände er sowieso bei jedem zweiten Metaller-Unternehmen allein im Einzugsgebiet seiner Verwaltungsstelle Scheinwerkverträge. Dass durch ein Exempel genau das – bei jedem zweiten Unternehmen Scheinwerkverträge – mit einem Schlag verschwinden würden, wollte ihm nicht einleuchten. Vor allem dann nicht, wenn Gewerkschaftsmitglieder mit Schuld an der Misere trugen.

Die IG Metall war als Verbündeter nicht geeignet. Das war im Verlauf meiner bisherigen Planung auch der einzige große Irrtum, wo ich zu naiv an die Sache ran gegangen war. Bis dahin hatte ich geglaubt, dass Gewerkschaften automatisch auf Seiten der Arbeitnehmer stehen und meiner Logik zwingend folgen müssten. Andererseits war F ein guter Mann, das sagte mir mein Bauchgefühl – sollte ich mich in ihm getäuscht haben? Ich glaubte das nicht. Allerdings war Krieg – ich konnte nicht auf ihn zählen und mehr interessierte nicht.

Mit Kanonen auf Spatzen

Kurz vor meiner Abreise nach Greifswald ereignete sich noch eine letzte Posse mit direktem Bezug zu Valeo: Es war Sonntag, der 22.09.2013 – in Deutschland waren Wahlen angesagt. Die vergangenen zwei Tage hatte ich Eberhard Gienger auf seinem Wahlkampfendspurt begleitet und ihn mit Junger Union und Bora zusammen nochmals ordentlich gepushed. Der Tagesplan für den Wahltag sah morgens lang schlafen, mittags wählen gehen und abends Giengers Wahlkampfparty vor.

Kurz vor 13 Uhr klingelte es an der Wohnungstür und die Kriminalpolizei stattete mir einen Hausbesuch ab. Man informierte mich darüber, dass heute eine Veranstaltung stattfinde – der „Valeo Family Day". Der leitende Sicherheitschef der Firma habe die Polizei um Hilfe gebeten, da er aufgrund meiner Person nicht für die Sicherheit der Veranstaltung garantieren könnte. Es sei davon auszugehen, dass ich Straftaten erheblichen Ausmaßes gegen Valeo plane. Daher wären die Beamten berechtigt, mich sofort in Gewahrsam zu nehmen und bis Ende der Veranstaltung festzuhalten, sofern ich sie nicht überzeuge, dass ich nichts dergleichen vorhabe. Ich war sprachlos – was für ein dämlicher Einschüchterungsversuch war das denn? Ich fragte, wie die Polizisten darauf kamen, dass ich die Firmenparty oder sonst was heute sprengen wolle, und sie holten den Auszug meiner „Vertrag von Rambouillet"-E-Mail an den Aufsichtsratsvorsitzenden Z hervor. Die Passage, „ob Valeo überlebt oder stirbt", war rot unterstrichen. Bora schrieb derweilen Name und Dienstnummer der Kripo-Beamten auf. Ich fragte beide, ob es nicht seltsam ist, nur einen Fetzen in Händen zu halten, ohne zu wissen, was davor oder danach stand. Das wäre doch in etwa so, als ob man aufgrund des Bibelsatz „Gott hat seinen eigenen Sohn nicht verschont" Ermittlungen wegen Inzucht und Pädophilie einleitet.

Bora legte den beiden unsere persönlichen Einladungen für Giengers Wahlkampfparty vor und sagte „Dort sind wir. Kommt doch mit, dann reden wir dort über die Sache weiter!" Der erste Polizist stand darauf auf und sagte „Ich hatte schon anfangs den Verdacht, dass es sich um eine politische und keine strafrechtliche Angelegenheit handelt", und bat um Verständnis, dass sie ja nur ihren Job machen. Es sei ihre Pflicht, solchen Dingen nachzugehen. Sie machten sich der Ordnung halber noch Notizen über uns und unseren Aufenthaltsort, dann zogen sie sich, voller Entschuldigungen und ablenkendem Smalltalk, in Richtung Tür zurück und verschwanden so schnell wie sie gekommen waren. Dabei erfuhr ich noch, dass ich laut Sicherheitschef an jedem Valeo-Standort in Deutschland Hausverbot habe. Ich sagte lachend „Keine Sorge. Ich komme bei denen durch Hirn, Herz und Humor – nicht durch die Tür."

Valeos Versuch, mich einzuschüchtern, war krachend in die Hose gegangen. Bei einem mit weniger Wassern gewaschenem Menschen hätte es vielleicht bleibenden Eindruck hinterlassen, Polizei aufzuhetzen, so zeugte es nur von ratloser Ohnmacht; sie hatten mir den Beweis geliefert, dass ich bislang alles richtig gemacht hatte, und auch ich bin nur Mensch, daher jederzeit für Komplimente empfänglich.

Bora hatte sich von einem Beamten die Visitenkarte geben lassen. Am folgenden Tag riefen wir ihn an und verlangten Auskunft darüber, wer ihn uns auf den Hals gehetzt hätte. Er wollte von der Sache nichts mehr wissen, berief sich auf Datenschutz. Ein paar überzeugende Worte später, nannte er uns Namen und Dienstgrad seiner Vorgesetzten, die für seinen Auftritt bei uns verantwortlich war.

Bora rief Valeos Betriebsratsvorsitzende B an und informierte sie über die Vorkommnisse. Sie war ziemlich böse, verlangte unverzüglich Klärung, ansonsten gäbe es politisches Nachspiel. Eberhard Gienger sei not amused gewesen, dass sich seine Lieblingspraktikantin am Wahlsonntag mit Staatsgewalt herumschlagen musste. B geriet in Panik, stotterte vor sich hin und sagte darauf, dass sie Bora später zurückrufen werde. Zwanzig Minuten später rief die Polizei bei Bora an – ganz zufällig exakt die Dame, deren Name uns der Kripo-Beamte nannte. Sie warnte Bora, B jemals wieder anzurufen und zu bedrohen. Die Welt ist ein Dorf, denn Zufälle gibt's…

Danach war Ruhe. Valeos Anwälte durchforsteten den Konzern und begannen im Eiltempo, das Unternehmen umzubauen. Die schlimmste Baustelle – die Scheinselbständigen – wurde innerhalb weniger Monate geschlossen; alle Freiberufler zum Jahresende hin rausgeworfen. Testfahrten fanden bis auf weiteres nur noch in „sicheren Ländern", nämlich in Deutschland und Frankreich, statt. Man folgte hierbei meiner Empfehlung, nur dort hinzugehen, wo man mit „Franzosenbonus" rechnen konnte, solange man weder bezüglich Versicherung noch Datenschutz greifbares vorweisen konnte - alternativ, bis man Leo, die Laus, raus dem Pelz hatte.

In la Grande Nation stellte das kein Problem dar: Französische Staatsbedienstete reagieren immer gleich, wenn sie auf Mitarbeiter inländischer Konzerne treffen – voller Hochachtung und Respekt. Als Fahrer in offiziellem Auftrag von Valeo, Renault, PSA oder Alstom konnte man eine Kalaschnikow offen auf dem Beifahrersitz liegen haben – Beamte hätten freundlich genickt und „Bon Voyage" gesagt. Keiner käme dort jemals auf die Idee, nach doofem Zeugs wie Genehmigung, Papiere oder Datenschutz zu fragen. Mein Abteilungsleiter hatte uns eine Art unterschriebenes Butterbrotpapier mit auf den Weg gegeben, darin wurden wir von ihm legitimiert, Testfahrten im Ausland durchzuführen. Für Frankreich reicht so was.

An Randstads Outsourcing und anderen Scheinwerkverträgen hielt der Konzern erwartungsgemäß fest: Die Konsequenzen wurden aufgrund vorhandener Arbeitnehmerüberlassungserlaubnis der Verleiher als vertretbares Risiko eingeschätzt. Die Ersparnis durch Umgehung des Tarifvertrags war lohnenswert, vor allem ging man davon aus, dass durch meinen „Rausschmiss" die einzig ernstzunehmende Gefahr einer Klage gebannt war, denn ich schien keinerlei Anstalten in diese Richtung zu unternehmen und verfolgte anscheinend ein anderes Ziel. Was das war, war egal – 'zu strategischem Denken ist der Spinner sowieso nicht fähig; nichts als Dummenglück hat er.' Ich stellte Valeo zurück und konzentrierte mich jetzt auf den zweiten Schneeball im Feuer – Randstad.

Die Wahlkampfparty war übrigens typisch CDU: Gienger feierte seinen 53%-Wahlsieg in einer geschmückten Scheune mit heimischem Wein, Saitenwürsten und selbstgemachtem Kartoffelsalat, während woanders 4,8 Prozent im Luxusrestaurant betrauert wurden. So geht das!

Heißsporn? Kalter Fisch!

Auf Auslandsfahrten hatte ich unterwegs immer viel Zeit zum Lesen; im Gegensatz zu meinem Kollegen Zekeriya ließ ich mich sehr gerne von anderen herumchauffieren und gebe einen traumhaften Beifahrer ab. Ich sitze gedanklich nicht mit am Steuer, mische mich deshalb nicht in den Fahrstil anderer ein. Zeit unterwegs nutzte ich daher für Lesen. Ich las regelmäßig Sun Zus „Die Kunst des Krieges", manchmal auch modernere Kost, zum Beispiel Bücher Helmut Naujoks.

Naujoks ist bekennender Arbeitgeberanwalt und verdient sein Geld dadurch, an der dünnen roten Linie zwischen gesetzlich erlaubt und verboten entlangzuhangeln, und mit harten Bandagen vermeintlich unkündbare Störenfriede aus Unternehmen zu kicken. In Gewerkschaftskreisen wird er als Betriebsratfresser und böser Mensch verschrien; seinen Namen ohne Zeichen von Abscheu auszusprechen wird als verwerflich angesehen. Ich finde Naujoks gut – was er macht, hat Schmackes. Er sagt, was er denkt, er macht, was er sagt – vor allem aber macht er kein Geheimnis aus sich und seiner Absicht. Er ist definitiv kein „Anwalt des Volkes" - sind aber sowieso nur die wenigsten. Viele behaupten das, weil es gut klingt, sie sich dadurch besser fühlen. Dass er sich auf die Seite des Geldes – Arbeitgeber – geschlagen und Schwache niederzukämpfen auf seine Fahnen geschrieben hat, ist zwar nicht mein Ding, aber ich würde mich nicht wundern, wenn er irgendwann die Seiten wechselt, um für mehr Waffengleichheit im Kampf zu sorgen. Spannender und spaßiger wäre sein Leben allemal, denn

Geld ist nicht alles. Seine Methoden sind meist hart am Limit, aber alles, was er macht, wie er das macht und warum er es macht, bekennt er offen in seinen Büchern. Zusätzlich bieten er und Konsorten Tagesseminare für 695 Euro plus Umsatzsteuer an. Als engagierter Betriebsrat wäre man klug beraten, solche Veranstaltungen auf Firmenkosten zu besuchen – man muss sich schließlich auf dem Laufenden halten, was Countermeasures betrifft…

Naujoks hebt sündhaft teure Fallen aus - sowohl diese als auch er selbst kosten die Klienten einen fetten Batzen Geld. Seine Methoden funktionieren vor allem deshalb so gut, weil keiner der Betroffenen sich ernsthaft damit auseinandersetzt. Man spricht darüber lieber emotional voller Verachtung. „Hüte Dich Deine Feinde zu hassen, denn es trübt Dein Urteilsvermögen", heißt es in „Der Pate" dazu – ein treffliches Zitat!

Eine Falle, die man erkennt, ist der erste Schritt, ihr zu entgehen. Ich las davon, wie Naujoks einen Arbeitnehmer siebenmal innerhalb weniger Tage kündigen ließ. Jede Kündigung wurde vor Gericht abgewiesen. Desweiteren verwenden seine Kunden gerne Schadensersatzforderungen in Millionenhöhe – mit Vorliebe werden diese zum Wochenende hin zugestellt, damit keine Ruhe und Erholung gefunden wird. Stattdessen sitzt man zuhause, wird vom Gedanken an kommenden Montag zermürbt und ist in Hilflosigkeit gefangen. Auch die Schadensersatzforderungen werden übrigens andauernd gerichtlich verworfen. Eine nervliche Belastung ist es trotzdem – das ist der Sinn der Übung. Wenn Dein Arbeitgeber solche Methoden gegen Dich einsetzt, hast Du verdammt gute Karten, eine Abfindung weit jenseits von Gut und Böse herauszuschlagen; Dir den goldenen Handschlag von einer halben Million und mehr mit auf den Weg zu geben, erscheint Deinem Boss sehr schnell als verlockendes Schnäppchen, denn Bossing-Kosten schlagen hart auf die Bilanz.

Naujoks schlägt in einem seiner Bücher als ersten Schritt Isolation vom Kollegium vor. Die meisten Leute sind nur in vertrauter Umgebung, in vertrauter Situation und im Rudel stark. Schneidet man diese davon ab, fühlen sie sich schnell alleine. Das Isolieren soll verhindern, dass Solidarisierung unter Arbeitnehmern eintritt. Normalerweise laufen „Arbeitskämpfe" in Leiharbeit so ab, dass diese von Festangestellten ermutigt werden, sich durch Gewerkschaftseintritt oder Aktionismus gegen Ausbeutung zur Wehr zu setzen. Die Initiative kommt nicht von Leiharbeitern selber. In diesem Fall wird der aufkeimende Widerstand dadurch wirksam im Keime erstickt, dass „Rebellen" mit sofortiger Wirkung voneinander getrennt werden und eine Zeitlang zuhause vor sich her schmoren, um sie nach der „Abkühlung" an neuem Ort und Stelle wieder einzusetzen. In 99 von 100 Fällen funktioniert das. Solidarität mit Einzelnen bricht schnell auseinander, sobald man diese nicht mehr regelmäßig zu Gesicht bekommt - private Treffen zählen nicht. Auch fürchten sich die meisten davor, dass ihnen dasselbe Schicksal widerfährt, sollten sie sich dem Widerstand anschließen.

Randstad isolierte mich von der Belegschaft und setzte mich bis zuletzt nirgendwo mehr ein. Zusammengebrochen bin ich deshalb nicht; mir kam zugute, dass ich mich sowieso als Ein-Mann-Armee verstehe und gut vorbereitet war. Ich ging davon aus, dass vollkommen egal ist, wo ich neu eingesetzt werde; das System Randstad übervorteilt systematisch Mitarbeiter, also werde ich an jedem neuen Einsatzort eine ähnliche Situation vorfinden und der einzige Effekt des mich woanders Einsetzen wäre, dass sich der bei Valeo begonnene Prozess des Feuerlegens in einen Flächenbrand verwandelt. Mein Freund F von der IG Metall sagte ja selber, dass er in mindestens 50 Prozent ihm betreuter Unternehmen Scheinwerkverträge und andere Ungereimtheiten vermutet, sollte genauer hingesehen werden. Für Menschen, die ständig unter Strom stehen und ihr Sein dadurch definieren, dass sie arbeiten bzw. etwas leisten, ist Zuhause sitzen schrecklich; diese fühlen sich schnell unnütz und nutzlos, denn ihnen fehlt das Gefühl, gebraucht zu werden. Ein Lethargiker wie ich dagegen liebt 'La Dolce Vita'. Spät aufstehen und jeden Tag „Endlich wieder Wochenende" fühlen ist großartig - ich kann nicht genug davon bekommen. Da für mich aber jeder Tag Wochenende ist, gilt auch der Umkehrschluss: Jeder Tag ist Werktag; ich habe keinen Ruhetag, halte mich an keine bestimmte Ruhezeit. Ich arbeite wann immer ich Lust dazu habe. Das kann Sonntag morgens um drei Uhr sein, genauso aber Mittwochs um sechs, Freitags um zwölf oder Samstags nach Achtzehn Uhr. Auch Stundenlimits gemäß Arbeitszeitengesetz kenne ich nicht. Ich mache was ich will, wann ich will, solange ich will — gerne auch mal sechzehn Stunden und mehr am Stück.

Sparring

Israels Streitkräfte folgen der Theorie des „Zehnten Mannes". In einer Debatte muss der zehnte Mann immer eine Gegenposition zur Meinung der neun anderen Teilnehmer vertreten, sollten diese einig werden. Dadurch soll sichergestellt werden, dass man für jede Situation – wie unwahrscheinlich diese auch erscheint – eine Antwort parat hat.

Ich war auf Bereitschaft, d.h. dass ich jederzeit von Randstad ins Büro gerufen werden konnte. Dass ich knapp tausend Kilometer entfernt war, erschien so gesehen wie Risiko, war aber keines: Die internen Mitarbeiter Ludwigsburgs hatten Angst vor mir; sie wussten nicht, was sie tun sollten. Randstads Personalführungshandbuch liefert keine Antwort zum Umgang mit Wölfen auf der Jagd. Leute meines Schlages sind im Leitfaden nicht vorgesehen.

Wir vereinbarten regelmäßig Termine, die sich jedes Mal als plumpe Versuche herausstellten, mich im Gesprächsverlauf in Fallen zu locken, damit ich Randstad einen Kündigungsgrund gebe. Klappte nicht so gut. Mehrfach versuchte man in unterschiedlichster Besetzung sein Glück bei mir, ganze Kolonnen von Vorgesetzten nahmen mich in den Schwitzkasten.

Es lief routinemäßig so ab, dass man mir zwei oder mehr Personen mit Entlassungsbefugnis gegenüber setzte, diese „guter Cop, böser Cop" spielten. Ich wurde regelmäßig gefragt, ob ich denn „wirklich wirklich wirklich für Randstad arbeiten wolle". Ich antwortete jedes Mal „Aber unbedingt", denn genau das war der Fall: Man bräuchte schon einen Schweißbrenner, um mich aus der Firma zu bekommen. Ich würde bis zum Äußersten gehen, um den Saustall von innen nach außen zu krempeln!

Arbeitstechnisch gab es nichts mehr zu tun, dabei meldete ich mich jeden Tag mindestens einmal in Ludwigsburg und bekundete mein unbedingtes Interesse nach Einsätzen. Einmal wöchentlich schickte ich S eine Zusammenfassung aller offenen Stellen innerhalb des Konzerns und schrieb dazu „In der vergangenen Woche hat Randstad bundesweit 1234 neue Stellen ausgeschrieben und Sie finden nichts für jemanden, der drei Sprachen spricht, sich schnell in jede Thematik einarbeitet, örtlich und zeitlich vollkommen flexibel und zu jeder Schandtat bereit ist? Zeigen Sie gefälligst mehr Einsatz, Frau S!" So viele freie Stellen und nichts dabei für Randstads bestes Pferd im Stall – ein Unding sondergleichen!

Das mich täglich Anbieten zog ich monatelang durch. Nach täglicher Kundgabe meiner unbedingten Einsatzbereitschaft nutzte ich die Zeit und erstellte Kontaktlisten von Randstad-Mitarbeitern. Dafür durchforstete ich stundenlang verschiedenste Social Media Plattformen und Randstads Internetauftritt. Ich erstellte Statistiken, in denen ich jeden, den ich ausfindig machte, fein säuberlich eintrug. Es war eine ätzend langweilige, zeitintensive Aufgabe, ich musste dafür systematisch die Mitarbeiterverzeichnisse sämtlicher Randstad-Außenposten durchgehen. Zusätzlich las ich querbeet innerhalb verschiedenster Social Media-Quellen. Egal ob Xing, Facebook, MeinVZ oder sonst was – ich ließ nichts unversucht, um so viele Personen wie möglich aufzustöbern, die auf Randstads Gehaltsliste standen.

Vor allem Facebook und Xing waren ergiebige Informationsquellen – schnell hatte ich mehr als dreitausend deutsche Randstad-Kontakte ausfindig gemacht. Xing erwies sich als besonders hilfreich. Es stellt ein Netzwerk dar, in dem sich Leute untereinander verbinden, die wichtig sind oder werden wollen, um die Karriereleiter dank Selbstvermarktung und Vitamin B aufzusteigen. Es stellt eine Art von beruflicher Flirtbörse dar, in der man sich präsentiert, erzählt, was man kann und welche Stärken man besitzt. Auch vor der Angabe sozialen Engagements schreckt man dort nicht zurück – alles Verwertbare trug ich in meiner Sammelwut in Statistiken ein – von beruflichem Werdegang bis hin zum Lieblingshaustier. Bei Führungspersonal gab ich mir besonders Mühe, las jeden Eintrag, der jemals seinen Weg ins Internet gefunden hatte. Ich wusste oft, wo diese wohnen, mit wem diese liiert sind, wie der Schwippschwager heißt, welchen Hobbies sie nachgehen, was sie gerne essen und sonst alles machen. Eines kann ich dazu sagen: Es sollte Angst machen, wie leicht man mit einfachsten Hilfsmitteln, Fleiß und Verstand komplette Profile über wildfremdes Volk erstellen kann. Traf ich manche später persönlich, kam es mir vor, einen engen Bekannten zu treffen; diese Erfahrung durften nicht nur S und B von Valeo, sondern auch verschiedenste Randstad-Celebrities machen.

Firmen sind berechenbar, vor allem, wenn es darum geht vorherzusehen, dass irgendwann das unternehmerische Totschlagargument schlechthin eingesetzt wird, um Kritiker der Unternehmenslinie mundtot zu machen. Man sagt „Das ist radikal links" und jede vernünftige Debatte ist auf einen Schlag beendet. Soziale Gerechtigkeit? Radikal links! Schluss mit Scheinwerkverträgen? Radikal links! Neue Sicherheitsschuhe? Radikal links! Um nicht genauso zum Karl-Marx-Brother gestempelt zu werden, hatte ich mir daher was einfallen lassen.

Im Oktober wurde ich zum „klärenden Gespräch" mit Distrikt-Managerin K geladen, diese leitet Randstad Südwest. Leute aus Randstads Rechtsabteilung, meine Niederlassungsmanagerin und weiteren Damen nahmen ebenfalls teil – ein ganzes Rudel an Weiblichkeit erwartete mich in der Niederlassung Ludwigsburg.

Ich verzichtete auf Anwalts- und Gewerkschaftsbeistand, stellte mich alleine dem Zirkus entgegen. Zu Beginn stellten sich mir alle Beteiligte vor. Ich hatte mich im Vorfeld der Verhandlungen von einem befreundeten Vorstandsvorsitzenden eines Energieunternehmens schulen lassen – ein grober, unbequemer und mit allen Wassern gewaschener Drecksack, der weithin einen üblen Ruf genießt. Er isst gerne Betriebsräte zum Frühstück, ist allerdings auch gerade und direkt. Er ist alles in allem kein schlechter Mensch, leider zu gut in dem, was er macht. Und zu allem Übel weiß er das auch – ich liebe ihn!

Ich hatte ihm von meinem Projekt erzählt und um Nachhilfe im Verhandlungs-Nahkampf zu gebeten. Er bürstete mich Abend für Abend zusammen, beleidigte mich, drosch auf mich ein, malte mir Horrorszenarios aus und schlug jedes Mal durch meine Deckung. „Verhandlungen sind wie Dschungelkampf", sagte er, „Du musst immer auf der Hut sein!" Die erste Nacht danach lag ich zitternd im Bett, verzweifelte zutiefst und hatte richtig Panikattacken, so hart ging der Typ gegen mich vor. Er hielt sich selbst für einen der härtesten Knochen der Branche und war der Meinung, dass wenn ich schon so einen Schwachsinn veranstalte und Windmühlen bekämpfe, einen Vorgeschmack auf die Hölle verdiene. Allerdings relativierte er sofort und sagte – ganz bescheiden wie er ist -, dass er der Beste seines Fachs wäre und mich bei Randstad schlimmstenfalls bessere Amateure erwarten. Valeo Frankreich sei ein ganz anderes Kaliber, allerdings versuchen diese mit Vorliebe Probleme durch Schweigen auszusitzen. Sollte ich irgendwann allerdings genug Sprengkraft zusammen haben – so wie jetzt – könnte ich mit einem fürstlichen Deal rechnen, da Franzosen negative PR genauso fürchten wie der Teufel das Weihwasser. „Willst Du leben wie Gott in Frankreich? Dann ziehe Dein Ding bis zum Ende hin durch, mein Sohn!"

Ich würde mich liebend gerne offen bei ihm bedanken, aber er bat mich darum, ihn namentlich nicht zu erwähnen – als Schatten der Wirtschaft gewinne er dadurch keine Vorteile. Seine Unterstützung sei einmalige Sache – er muss noch ein paar Jahre Millionen scheffeln. „Sei's drum, viel Erfolg!"

Sich alleine einem Rudel entgegenzustellen, sah er als schlecht an, sollte sich aber bezüglich Randstad nicht nachteilig für mich auswirken, im Umgang mit anderen Gegnern aber vermeiden. Er brachte mir bei, zu Beginn von Verhandlungen herauszufinden, wer der Entscheider am Tisch ist – es ist oftmals nicht derjenige, der das Gespräch mit Dir führt. Geht es ums Geld und Du sollst eine Summe nennen, muss diese dermaßen krumm sein, dass jeder im Raum mit Grinsen beginnt. Keiner der Anwesenden darf dasselbe verdienen, ansonsten bringst Du eine emotionale Note ins

Spiel, weil derjenige Deine Leistung mit seiner eigenen vergleicht, sich fragt: „Was hat der geleistet, dass er denkt, mein Gehalt wert zu sein?" Fragt man, warum Du ausgerechnet diesen Betrag forderst, sparst Du Dir Kommentare wie „Ich hatte Kosten und Aufwendungen" bzw. „Weil ich es wert bin", sondern sagst ganz unverschämt „Weil ich die Zahl mag!" Denn jeder am Tisch weiß, dass das die einzig richtige Antwort ist. Im besten Fall besitzt Du ein Produkt, dass Du der Welt schenken, diesen aber teuer verkaufen kannst, weil Geschenke ans Volk nicht in deren Interesse sind. Schaffst Du das, gilt nicht die Faustregel, sich bestenfalls bei der Hälfte Deiner Vorstellung einig zu werden, denn euer beider Interesse ist dasselbe, steht sich nicht mehr unvereinbar gegenüber. Die Geldfrage tritt in den Hintergrund, die gemeinsame Lösung zu finden in den Vordergrund. „In diesem Fall, herzlichen Glückwunsch, mein Sohn!"

Meine Informationen über K waren ausreichend. Ich wusste von ihrem Familienstand, Herkunft und Karriereverlauf – Bekannte ihrer alten Fakultät ermöglichten mir, einen Blick in ihre alte Diplomarbeit zu werfen. Das sagte zwar nichts über die Person K von heute aus, gab mir aber immerhin das Gefühl, jemanden zu treffen, der mir nicht gänzlich unbekannt war – ich erlangte dadurch Sicherheit. Sie begann das Gespräch damit, mir zu erzählen, dass sie für 1.200 Mitarbeiter Verantwortung trage, zig Niederlassungen ihr unterstehen und präsentierte weitere Hintergrundinformationen um vorzuführen, wie wichtig sie im Gegensatz zu mir sei. „Und trotzdem sind Sie da, das ist ja nett!", sagte ich lächelnd. Bei Valeo beschäftigte sich seit Wochen bereits der Aufsichtsratsvorsitzende der Deutschlandgruppe mit mir und hier wurde erwartet, dass ich vor einer Provinz-Matriarchin in Ehrfurcht erstarre. Ich wusste, dass ich innerhalb Randstads Hierarchie noch ein weites Stück Weg vor mir hätte, bevor ich auf CEO, CFO und all die anderen O's treffen würde. Trotzdem war das kein Grund, das Spiel vor Ort jetzt bleiben zu lassen. Es stellte ein gutes Sparring dar, außerdem konnte ich inzwischen davon ausgehen, dass man mir wieder unbeabsichtigt Munition für später (sprich: versehentlich genannte vertrauliche Informationen) in die Hand drückt – das scheint in vielen Firmen gängige Taktik zu sein.

Wir führten vier Stunden lang Inquisition durch. Die anwesenden Damen warfen mir reihum Gott und die Welt um die Ohren, versuchten mich zu überzeugen, dass nicht Randstad, sondern ich schlecht sei. Man fragte mich allein an diesem Vormittag fünfmal, ob ich denn wirklich Randstad gegenüber loyal sei und für diese arbeiten wolle. Man bot mir an, dass man mir finanziell „ausnahmsweise" sehr entgegenkommen könne, sofern ich schaffe, sie zu überzeugen, warum sie das tun sollten. Doch weder Zuckerbrot noch Peitsche konnten mich aus der Reserve locken. Ich wartete nur sehnsüchtig darauf, endlich das „Radikal links"-Argument um die Ohren geschlagen zu bekommen. Und so geschah es dann, kurz vor 13 Uhr. Die Mitarbeiterin von Social Affairs – eine Randstad-interne Abteilung zur „Förderung von Kommunikation zwischen Geschäftsleitung und Betriebsrat" – von letzteren als „Betriebsrats-Kindertagesstätte" verspottet - verlor die Nerven, sagte mir „Wir können radikal Linke wie Sie in unserem Unternehmen nicht gebrauchen. Wenn es Ihnen nicht passt, dann gehen Sie gefälligst. So was wie Sie brauchen wir nicht!"

Ich drehte mich zu ihr und sagte grinsend: „Radikal? Nee, liberal! Ich bin Mitglied bei der liberalen Partei Deutschlands und bekennender Arbeitgeberfreund! Alles, was ich verlange, sind ur-liberale Grundforderungen, nämlich Fairness im Umgang miteinander. Schutz von Bürgerrechten und bürgerlichen Rechten – mehr nicht!" Daraufhin herrschte Sprachlosigkeit, denn keiner der Anwesenden hatte damit gerechnet. Mission accomplished!

Von jetzt an trug ich das gelbe Kostüm und konnte voll in die Offensive gehen. Ich sagte den Anwesenden: „Sie wollen wissen, was ich fordere? Sie wollen wissen, was das soll? Revolution, nicht weniger, nicht mehr! Ich verkünde hiermit meine Kandidatur zu den anstehenden Randstad-Betriebsratswahlen. Als „gelber Metaller" werde ich als neutrale Instanz fungieren und die ganze Scheinwerkproblematik innerhalb Randstads beenden." Danach gab es nichts mehr zu sagen, die Show war vorbei. Mehr als vier Stunden hatte ich mit sinnloser Laberei verbracht, nur um diesen einen Satz unterzubringen.

Das Märchen vom gelben Metaller

Die ersten Gedanken bezüglich eines liberalen Kasperltheaters hatte ich Anfang 2013, diese bezogen sich damals ausschließlich auf die Frage, wie ich einen für die Öffentlichkeit einigermaßen glaubhaften Abgang von der Betriebsrats-Wahlbühne bewerkstelligen konnte. Ich ging fest davon aus, dass Randstads Vorstand irgendwann die Notbremse ziehen, die Revolution im eigenen Haus nicht riskieren würde. Als einzige Lösung fielen mir dazu andere – sogenannte „ernsthafte" – Wahlen ein. Mich ernsthaft zur Wahl stellen wollte ich nicht, dafür empfinde ich Politik als viel zu stupide. Ich müsste mich also in irgendeinen Wahlkampf im Frühjahr 2014 „einkaufen". Dafür kamen allerdings nur kleine Parteien infrage – für große Volksparteien fehlte mir schlichtweg das Geld.

Ich selbst habe noch nie FDP gewählt, das kann mit daran liegen kann, dass ich unter liberal etwas anderes verstehe, denn ich sehe mich sehr wohl als liberal denkenden Menschen. Weniger Staat ist manchmal mehr. Außerdem lehne ich entschieden ab, dass Dinge, die der freie Markt besser kann, dem Staat als Aufgabe überantwortet wird. Dieser soll für Rahmenbedingungen sorgen, einen Claim an Regeln abstecken, in welchem Marktakteure frei agieren können. Ich kann mir zum Beispiel nur schwer staatlich betriebene Kraftwerke vorstellen, wie es vor kurzem erst ernsthaft in Berlin diskutiert wurde. Für mich bedeutete liberal zu wählen, dass ich einst Gerhard Schröder oder zuletzt den Grünen regelmäßig die Stimme gab. Genauso wie die Masse des Volkes verband ich mit der FDP bestenfalls Hotel- und Apotheker-Lobbyismus. Darüber hinaus wusste ich nur, dass Guido Westerwelle - der 18 Prozent-Mann aus dem Big Brother-Container - als Außenminister der Welt ein bisschen Farbe gab und mein Briefkasten einst einen nervigen Brief von Rainer Brüderle enthielt, der mir darin erklärte, wie supergut die FDP ist.

Außerdem gab es da noch die Thesen eines gewissen Johannes Vogel, Arbeitsmarktpolitischer Sprecher der Partei, in Bezug auf Zeitarbeit. Darin befürwortete dieser im Namen der Liberalen zur Bekämpfung von Arbeitslosigkeit voll auf die Karte Zeitarbeit zu setzen. Sein Manifest war super, es hätte glatt aus der PR-Abteilung des Bundesverbands für Zeitarbeit stammen können. Damals verstand ich noch nicht, wie ein Parteikurs zustande kommt bzw. wie wenig Sachkenntnis man innerhalb einer Partei über bestimmte Materie braucht, um als ausgewiesener Spezialist und Fachmann dafür zu gelten.

Sowohl politisch als auch aufgrund ihres Faible für Opportunismus sah ich die FDP als natürlichen Verbündeten meiner Gegner an. Sie wären also die Allerletzten, von denen ich jemals ernsthaft politische Rückendeckung oder Hilfe erwarten könnte.

Von Valeo wusste ich aufgrund ihres Ethik-Kodex, dass der Konzern politisch neutral war und prinzipiell keine Partei unterstützte. Bei Randstad war ich mir nicht so sicher: Sowohl diese als auch der von Randstad dominierte Bundesverband für Zeitarbeit sind politisch sehr aktiv, das Unternehmen gibt beispielsweise regelmäßig den „Randstad-Politikbrief" heraus, in dem Parteien und Politik-Akteure über Randstads Sicht der Dinge informiert werden. Nur Spenden über zehntausend Euro müssen im Rechenschaftsbericht der Parteien aufgelistet werden, welche über 50.000 Euro dem Bundestagspräsidenten angezeigt und anschließend umgehend veröffentlicht werden. Um Randstad und Konsorten die Lust auf liberale Freundschaft und Parteispenden zu vergällen, müsste ich im Vorfeld Liberale umwerben. Dafür wäre allerdings geschickter, wenn ein Wunder geschieht und die FDP bestenfalls aus dem Bundestag fliegt. Ansonsten wäre es schwierig für mich, Zugang zu deren Schaltstelle der Macht zu finden – mein finanzieller Rahmen war recht überschaubar.

Das wichtigste Ziel im Kampf mit mehreren Gegenspieler ist, dass man diese spaltet, sodass sie sich nicht gegen Dich verbünden, sondern jeder für sich steht und sich im Idealfall auch gegenseitig bekämpfen. Ich verfolgte neugierig liberale Politik und so entging mir nicht, als im April 2013 die FDP Mecklenburg-Vorpommerns eine gebürtige Französin als Spitzenkandidatin für die Europawahlen nominierte. Eine französische Liberale aus Mecklenburg-Vorpommern für Europa – das klang nach einem guten Plan B, falls nicht gelingen sollte, CDU oder SPD in mein Scharmützel hineinzuziehen. Die kleine Französin könnte Ausstieg und Bedrohung zugleich sein, um Randstad und Valeo auch nach meinem Abgang auf Trab zu halten und die Leere der Wartezeit bis zum letzten Gefecht auszufüllen. Bora leistete hierfür in der Mongolei notwendige Vorarbeit, danach hieß es Abwarten und Tee trinken.

Wir gaben Gott und Deutschlands Wähler alles weitere in die Hand und sollten nicht enttäuscht werden: Noch auf Eberhard Giengers Wahlkampfparty konnte ich mit Bora auf das historisch schlechteste FDP-Bundestags-wahlergebnis aller Zeiten anstoßen. Das Schicksal schien uns gnädig ge-stimmt. Am Tag nach der verlorenen Wahl trat ich den Jungen Liberalen bei und erschuf meine Kunstfigur: Den im Namen von Liberalismus für Arbeitnehmerrechte kämpfenden „Gelben Metaller".

Der Gedanke an sich - ein gewerkschaftsfreundlicher Liberaler -, gefällt mir sehr gut, gelb muss er deshalb aber nicht unbedingt sein. Dafür fehlt mir bei der Bundes-FDP Bürgernähe und Menschenfreundlichkeit. Zu Sozialli-beralismus sehe ich diese systembedingt nicht fähig: Die Parteimitglieder diskutieren solange alles und jeden nieder, bis nichts mehr davon übrig ist und man wieder zum „Business as usual" übergeht.

Als gelber Metaller ist alles doppelt so schwer wie als roter Metaller: Die Gewerkschaft misstraut Dir, die Arbeitnehmer misstrauen Dir und der Ar-beitgeber misstraut Dir ebenfalls. Du hast keinen natürlichen Verbünde-ten, musst aber deshalb in Deinem Tun und Lassen auch niemandem ge-genüber Rücksicht nehmen. Als gelber Metaller konnte ich deshalb auch radikalste Thesen aufgreifen und verkünden, solange ich diesen nur einen zart gelben Anstrich verpasse.

Betriebsratswahlkampf

Ich hatte im gesamten Bundesgebiet Kontakt zu diversen Randstad-Betriebsräten hergestellt. Ich nutzte dafür sowohl Gewerkschafts- als auch ministeriale Strukturen wie das Arbeitsministerium NRW und deren Projekt der „Zeitarbeit Hotline NRW". Ich wusste aus vielerlei Foren, dass große Teile des Randstad-Betriebsrates als Vasallen der Geschäftsleitung galten. Diese führten Betriebsratsarbeit ad absurdum, konzentrierten sich darauf, ihren Vorzugsposten mit Dienstwagen und Gehaltszuschlag nicht zu gefährden.

Den Gesamtbetriebsratsvorsitzende fand ich besonders toll: Er hieß H, hatte sich vom einfachen Leiharbeiter bis ganz nach oben an die Spitze durchgeboxt. Er selbst sagte von sich „Ich bin Mister Randstad" und laut Aussagen seiner Betriebsratsbrüder war er das auch. Sein Bruder engagierte sich auf der anderen Seite der Macht, war leitender Konzernmanager, sodass ich die Gleichung erweiterte und nur noch von „Wir sind Mister Randstad" sprach; die Quadratur eines Kreises war also tatsächlich möglich.

Ich fand die Figur des H faszinierend. Er inspirierte mich zur Schöpfung des „Gelben Metallers", erschien wie ein natürlicher Konterpart: Nach außen rot, nach innen gelb, soweit ich das richtig interpretierte.

Ich hatte knapp ein Dutzend Betriebsratsmitglieder auf meiner Liste stehen, von denen ich manche persönlich aufsuchte, um diese kennen zu lernen. Monate vorher hatte ich bereits meinen Jaguar gegen ein bescheideneres Gefährt, einen Saab Turbo mit Autogasanlage, zum spritsparenden Fortkommen eingetauscht.

Seit meiner Zeit als Transporter war ich der schwedischen Automobilindustrie freundschaftlich verbunden: Kriminalstatistiken besagten, dass die wenigsten Delikte in Verbindung mit Kraftfahrzeugen der Marken Saab und Volvo verübt wurden – dementsprechend häufig musste man darin mit Kontrollen rechnen, denn Statistiken lügen nicht…

Ich stellte den Betriebsräten in der Regel Teile meiner bisherigen Projektarbeit in Bezug auf Valeo zur Verfügung, stellte diesen vorab Informationen zur Verfügung, die mir mit vertraulichen Gesprächen zurückgezahlt wurden. Betriebsräte wissen oft viel mehr, als sie selber zu wissen glauben. Ich erfuhr zum Beispiel, dass Randstad im Jahr zuvor sämtliche Verträge mit Entleihern prüfen ließ und dabei feststellte, dass 95 Prozent aller vorhandener Verträge rechtlich problematische Werkvertragskonstruktionen beinhalteten. Das war bis zur Einführung von Branchenzuschlägen in verschiedenen Industrie- und Dienstleistungssektoren kein Problem, von da an aber eine tickende Zeitbombe. Viele Kunden beriefen sich auf geschlossene Vereinbarungen und weigerten sich, fällige Zuschläge zu bezahlen. Das wäre nicht deren Problem, sondern einzig Sache von Randstad; sollten diese schauen, wie sie damit zurechtkommen – der Kunde hatte besseres zu tun. Distriktmanagerin K zumindest wusste das, deshalb ließ meine Ankündigung, als gelber Metaller „die Scheinwerkproblematik zu beenden“ bei ihr alle Alarmglocken schrillen.

Nach dem Termin mit ihr brauchte ich einige Zeit, um ein Konzept für den bevorstehenden Randstad-Betriebswahlkampf auszuarbeiten. Fakt war, dass ich isoliert vom Wahlvolk war. Ich war nirgendwo im Einsatz, würde wahrscheinlich nie wieder in Kundeneinsatz gelangen. Die meisten Leiharbeiter bekennen sich nicht offen zum Arbeitgeber. Diese benennen vor Freund und Feind die Entleihbetriebe als Arbeitgeber und sagen „Ich arbeite bei der Firma XYZ". Auch die Wahlbeteiligung machte den Zahlen des Greifswalder Studentenparlaments alle Ehren: 10 Prozent Wahlbeteiligung gelten als großer Erfolg.

Ich hatte als Wahlkandidat zwar Anspruch darauf, zu gegebener Zeit Kontaktlisten vom Arbeitgeber zu erhalten, bis dahin war aber noch lange Zeit. Wir hatten Oktober 2013. Zu diesem Zeitpunkt stand nicht mal der Termin fest, wann das Wahlkomitee bestimmt wird und ich die Anmeldung zur Kandidatur einreichen konnte.

Betriebsratswahlkämpfe sind ziemlich langweilig. Es gibt bestenfalls schmucklose Flyer, die verteilt werden, dazu ein paar billige Plakate, die an der Infowand ihren Nischenlatz finden. Niemand hält populistische Reden, keiner besucht Wähler vor Ort, nicht mal Wahlkampfslogans werden erfunden. Der Kontakt zur Wählerschaft ist vor allem in Leiharbeit aufgrund berufsbedingten Dezentralismus sehr schwer: Leiharbeiter arbeiten überall und nirgendwo, gehen in der bloßen Masse anderer Beschäftigter in Betrieben unter.

Meine Wähler arbeiteten über ganz Süddeutschland verteilt in fremden Betriebsstätten, zu denen man bereits als Leiharbeits-Betriebsrat nur erschwert

Zugang erhielt. Einfach vorbeischauen und „Guten Tag" sagen war nicht. Man musste sich vorab mit lokal zuständiger Niederlassung und Entleiherbetrieb kurzschließen, einen Termin vereinbaren, der jederzeit wieder kommentarlos abgesagt werden konnte. Ich als reiner Wahlkandidat konnte mir gleich dreimal abschminken, einfach so bei Kunden aufzutauchen und dort auf Einlass zu hoffen, um mich Randstädtern als neuen Hoffnungsträger vorzustellen.

Allerdings hatte der systembedingte Dezentralismus auch Vorteile zu bieten: Ich erschuf eine Homepage, billig, schrill und skurril. Darauf bewarb ich meine Betriebsratskandidatur und bombardierte jedes Forum und jede Gruppe, die auch nur entfernt etwas mit Randstad und Zeitarbeit zu tun hatte, mit der Neuigkeit, dass ein neuer Sheriff in die „Randstadt" käme, der für Ordnung sorge und jederzeit scharf schießen würde.

Meine vorherige Fleißarbeit bezüglich Randstads Mitarbeiterlisten kam mir jetzt zugute, da ich zwischenzeitlich fünftausend interne und externe Mitarbeiter identifiziert hatte, die ich alle in Wellen mehrfach anschrieb. Spamfilter umging ich dadurch, dass ich auf Massenmails verzichtete und Post stattdessen in mundgerechte Häppchen von drei bis fünf Empfänger stückelte. Es machte mir zwar einen Haufen Arbeit, mehr als tausend E-Mails Stück für Stück zu versenden, aber was unternimmt man nicht alles für den Weltfrieden? Daneben rief und schrieb ich Gott und die Welt an – bot jedermann und jederfrau Wahlkampfbesuche an - vom türkischen Arbeiterverein bis zum Dax-notierten Automobilkonzern.

Ich hatte vorsorglich mein eigenes Randstad-Wahlkampflogo erstellt, fragte aber trotzdem brav in Eschborn nach, ob ich das offizielle Randstad-Logo für meine Betriebsratskandidatur auf der Homepage verwenden dürfe. Ich würde es mit Ehren behandeln, ausschließlich zweckbezogen verwenden.

Dies wurde mir selbstverständlich freundschaftlich unter massiver Strafandrohung verweigert. Aber kein Problem – mein Randstad-Betriebsratswahl-Logo gefiel mir sowieso besser: Randstad ist ein Unternehmen, dessen Name eine Reminiszenz an den Gründungsort der Firma darstellt, nämlich das gleichnamige Ballungsgebiet Randstad in den Niederlanden. Dieses umfasst Teile von Nordholland, Südholland, Flevoland und Utrecht – fast 50 Prozent der niederländischen Gesamtbevölkerung leben dort.

Ich erschuf meine eigene Hommage an die Konzernherkunft, nahm die offizielle Randstad-Gebietsflagge, brachte diese in Herzform und haute dufte Wahlkampfsprüche daneben. Beispiele gefällig? Klasse Kampf statt Klassenkampf - Radikal? Nein, liberal! - Wähle Wandel, Wähle Widerstand → Wähle Walter! - Weg vom Stadtrand hin zur Mitte: Ein neuer Sheriff ist in Town! Mein bis heute noch verwendetes knallgelbes Logo entstand zur der Zeit. Es stellt entweder Smiley, Wahlkampfkreuz oder den Namen „Leo" dar - je nachdem, aus welchem Winkel man es betrachtet.

Mein Wahlkampfversprechen war genauso einfach wie unverschämt: Ich sorge dafür, dass Gesetze und Tarifverträge bei Randstad eingehalten werden. Dabei fungiere ich als Schutzschild für all die guten Leute in Unternehmen und Betriebsrat, die gute Ideen für mehr Gerechtigkeit haben, sich aber aufgrund des immensen Drucks durch Vorstand und Hoff-Staat nicht trauen, dafür einzustehen. Ich lasse des Weiteren alle Kundenverträge dahingehend prüfen, ob sie gesetzeskonform sind und werde die Scheinwerkvertragskrankheit rigoros bekämpfen. Feuer mit Feuer, alles unter der Fahne des Liberalismus, natürlich.

Meine Homepage erfreute sich laut Google-Analytics wachsender Beliebtheit und ich erhielt regelmäßig Fanpost. Mein Gästebuch entwickelte sich zur Wahlkampfplattform, wo Anhänger und Gegner mich bzw. sich gegenseitig lobten bzw. beleidigten und täglich knapp ein Dutzend Einträge hinterließen. Der vorherrschende Ton in meinem Gästebuch reichte dabei von „Judas" über „Kanakenfreund" bis zum „Scheiß Ossi-Versager".

Ich beließ die meisten Kommentare, löschte nur allergröbste Schnitzer. Dabei beseitigte ich deutlich mehr Unterstützer- als Gegner-Kommentare. Dass man mich beleidigte, war Teil des Spiels, und solange es nicht allzu sehr ins Rassistische und persönlich Verletzende überging war das akzeptabel für mich. Randstad aber über Gebühr zu beschimpfen konnte ich nicht zulassen: Ich war schließlich für die Seiteninhalte verantwortlich. Trotzdem entwickelte sich das Ganze immer mehr zum ernsthaften Imageproblem für die blauen Saubermänner. Viele gegnerische Kommentare fanden anfangs in Eschborn ihren Ursprung, sollten mich diskreditieren und lächerlich machen. Vor allem aber sollte ein Shitstorm provoziert werden, an dem sich andere dran beteiligen.

Manche Randstad-Bedienstete überspannten leider in der Hitze des Gefechts den Bogen dermaßen, dass vom weltoffenen, freundlich sozialen Unternehmen nicht mehr allzu viel übrig zu bleiben drohte.

Auge in Auge, Zahl in Zahl

Mitte November hatte ich einen weiteren Gesprächstermin in Ludwigsburg. Niederlassungsmanagerin S wollte mit mir „über Ihre weitere Zukunft im Unternehmen" reden.

Ich hatte einen silbernen Koffer dabei, darin steckte einen Sony Vaio; ich bin von Filmen geprägt: Bösewichter benutzen meist Jaguar-Automobile und Sony-Computer. Einen Hauch von Klischee müsste ich schon bieten können, wollte ich in meiner Rolle ernst genommen werden.

Sie informierte mich darüber, dass trotz aller Bemühen Randstads keine Stelle für mich zu finden sei. Auf meine freundliche Nachfrage „Warum nicht Valeo? Ihr sucht doch bereits wieder Leute dafür!", erntete ich ratloses Schweigen; ich war immer up-to-date, was Stellenangebote beider Konzerne betraf.

Sie bot mir tausend Euro Abfindung an, wenn ich einen Aufhebungsvertrag unterschreiben würde – wovon sie allerdings nicht ausgehe. Ich sagte „Wie Recht Du doch hast, Mädchen", und packte daraufhin den Laptop aus. Ich zeigte Ihr eine Statistik, darin hatte ich vorgerechnet, um wieviel Euro Anspruch mich Randstad innerhalb eines Jahres gebracht hätte – fast 22.000.

Ich wusste von den Betriebsräten, dass Randstad Ludwigsburg normalerweise noch zu den „humaneren Filialen" dazugerechnet wurde, manche Konzern-Niederlassung trieb deutlich schlimmeren Schindluder – vor allem Randstads Inhouse-Service machte viel von sich reden; Teilzeitverträge für Vollzeitkräfte waren an der Tagesordnung. Ich rechnete ihr hoch, wieviel Kollegen ich habe, wandte dafür das arithmetische Mittel an; schließlich arbeitete und verdiente ich deutlich mehr – dadurch bot sich bei mir mehr Spielraum für Abweichungen. Ich erweiterte die Gleichung um die Gesamtanzahl der Randstad-Beschäftigten, kam unter dem Strich auf einen hohe achtstelligen Betrag, den sich der Konzern Jahr für Jahr unzulässig einverleiben würde. Es brauche schon den „schwarzen Mann mit den dicken Geldkoffern" - und diese müssten bis zum Rand hin vollgestopft mit dicken Bündeln sein -, wollte mir der Weggang von Randstad schmackhaft gemacht werden. Ansonsten ginge ich vor Gericht und würde für ein Grundsatzurteil sorgen, das sich gewaschen hätte: Selbst eine Million wäre viel zu wenig, wenn sie wissen würde, was die Revolution für Randstad bedeutet: Zwanzig Prozent weniger Gesamtgewinn, fallende Aktienkurse, ein Vorstand, der geschlossen den Hut nehmen muss.

Man könne mich bedrohen, schikanieren, drangsalieren – alles kein Problem. Aber man bekämpft eine Hydra. Nicht ich sei das Problem sondern Randstads System selbst: Tausende von Trittbrettfahrer, die meinem Beispiel folgen könnten und sowohl den Konzern als auch die Branche an den Rand des Abgrunds bringen. Daher sei alles darunter nur Peanuts und kein ernstzunehmendes Angebot.

Sie lachte laut, ich lachte lauter. Wir stünden erst am Anfang des Tanz, die Musik habe noch nicht mal zu spielen begonnen. Ich kam zu Randstad, um reich zu werden – alles darunter ist inakzeptabel und wird von mir als

Waffe verwendet. „Und wissen Sie, was das witzigste an der ganzen Sache ist?“, fragte ich S. „Dass ich in dieser Geschichte auf Seiten der Guten und Sie auf Seiten der Bösen stehen! Lustig, was? Tschüss!“ Daraufhin ließ ich sie stehen und die Sache nahm weiter ihren Lauf.

Nah am Wald

Randstads Kündigung gab mir das Recht, dagegen Kündigungsschutzklage einzureichen. Die Sache war klar: Randstad würde nicht in tausend Jahren seine Kündigung vor Gericht durchgeboxt bekommen, dafür fehlte ihnen ein handfester Grund. Randstads Betriebsrat war nicht bekannt dafür, allzu oft Kündigungen zu widersprechen. In meinem Fall taten sie das – in dieser Phase wurde mir immer mehr Rückendeckung zuteil. Als Grund meiner Kündigung wurde angeführt, dass man keine Arbeit für mich findet und ich zu gut ausgebildet wäre, als dass man einen Mangel bei mir beheben könnte.

Laut Randstad stößen sich die Kunden daran, dass ich laut Lebenslauf niemals allzu lang an einem Ort verweilte, meist zum Jahreswechsel hin schon wieder weiterzog. Kunden wünschten mehr Beständigkeit in der Flexibilität, vielleicht auch umgekehrt – wer weiß das schon?

Als IG Metall-Mitglied stand mir von Gewerkschaftsseite Rechtsschutz zu. Diesen nahm ich hierbei in Anspruch. Ich erzählte der beigeordneten Anwältin in groben Zügen, wie es weitergeht, diese hielt mich für komplett wahnsinnig. Für mich war das aber nicht von Belang.

Anwälte haben die Aufgabe, von mir gewünschte Anträge einzureichen, ansonsten als Sprachrohr vor Gericht zu dienen. Warum das so ist, habe ich anfangs erklärt: Deines Anwalts Interesse und Dein Interesse sind nicht deckungsgleich. Er sieht Dich nur wenige Mal, dagegen regelmäßig die Kollegen vor Gericht. Du bist für ihn die Variable, die anderen sind konstant.

Verstehe das nicht falsch, Dein Anwalt handelt deshalb nicht gegen Dich. Auch wer mit angezogener Handbremse fährt, kommt voran. Es wäre womöglich einfach mehr für Dich drin. Deshalb frage nie „Werden wir gewinnen?", sondern erfülle Deinen Teil, damit DU gewinnst – Dein Anwalt kommt schon klar.

Es ist ausschließlich in Deinem Interesse, wenn Du so viel wie möglich Vorarbeit machst, dem Rechtsbeistand nur das Allernötigste überlässt. Auch vergesse niemals, dass er für Dich weder Denken noch Entscheiden übernimmt.

Denke logisch, denke menschlich, dann denkst Du automatisch an Dich!

Deckungsfeuer

An Weihnachten verschickte ich an alle Namen auf meiner Liste virtuelle Weihnachtspostkarten, damit ich nicht in Vergessenheit gerate. Randstad ermittelte währenddessen in eigenen Reihen, woher ich all diese Kontaktdaten bekommen habe. Niemand im Vorstand besaß ausreichend Phantasie sich vorzustellen, dass ich diese durch Fleißarbeit und nicht durch Verrat erlangt hätte.

Ich erhielt immer mehr, teilweise prominenten, Support. Porsches Gesamtbetriebsratsvorsitzender beobachtete gespannt mein Treiben, genauso hielt ich regelmäßig Kontakt mit Journalisten von SWR und ARD. „Die Zeit"-Redakteure erklärten sich zu meinen Fans, der ehemalige GQ-Chefredakteur und Hamburger SPD-Bürgerschaftskandidat Michalis Pantelouris entwickelte mit mir zusammen die ersten Blogs. Dabei "kaufte" ich mir dessen Ergebenheit genauso wie einst die der Valeos: Durch Unmengen Franzosenbier und tiefgreifenden Kenntnissen über Fußball, speziell seinen Hamburger SV. Wir trafen uns mehrfach in Hamburg, er bekochte mich und wir verfolgten zusammen den HSV.

Die 'Causa Leonhardt' war inzwischen zur Randstad-Chefsache erklärt worden: Der Vorstand sorgte dafür, dass die für März vorgesehenen Betriebsratswahlen kurzfristig auf den letztmöglichen Termin vor Ostern verschoben wurden. Das führte dazu, dass eine ganze Reihe von Randstad-Betriebsräten Licht am Horizont sahen und nach und nach Kontakt zu mir suchten, ebenso vereinzelt unzufriedene Manager, sowohl von Randstad als auch deren Konkurrenz.

Immer mehr Leute boten sich mir als Quellen an, gaben Informationen weiter, die ich oftmals sowieso bereits zusammengereimt hatte. Die Stimmung kippte vollkommen gegen Randstad, nicht als Betriebsrat gewählt zu werden war inzwischen vollkommen undenkbar. - die Revolution in vollem Gang.

Die Leute stilisierten mich zum Gegenspieler des Gesamtbetriebsratsvorsitzenden H. „Jimmy Leonhardt vs. Hanno Hoffa" machte die Runde - eine Anspielung auf den aufgrund seiner Mafiaverbindung gefürchteten amerikanischen Gewerkschaftsboss Jimmy Hoffa, der Anfang der 80er Jahre auf mysteriöse Art und Weise verschwand und 1982 für tot erklärt wurde.

Valeo unterstützte mich währenddessen, indem sie sämtliche Randstad-Mitarbeiter aus fadenscheinigem Grund für vier Wochen vom Firmengelände verbannten, um Druck auf den Lieferanten in Eschborn auszuüben.

Man nahm billigend in Kauf, den Liefertermin für Renault nicht einhalten zu können. Hauptsache, man wurde mich los, egal, zu welchen Preis.

Epilog

Soll ein Mensch ein Vorbild haben, dessen Muster er als richtungsweisend für das eigene Leben ansieht? Ich zumindest habe eins. Der Mann heißt Vo Nguyen Giap, war General in der vietnamesischen Volksarmee. Dieser führte die nordvietnamesischen Truppen zusammen mit dem Vietcong in den Krieg gegen die Vereinigten Staaten. Die Gewichtung der Konfliktparteien war eindeutig: Vietnam ist nichts weiter als ein Fliegenschiss auf der Weltkarte – gerade mal so groß wie der US-Bundesstaat Wisconsin. Weder der Vietcong noch die nordvietnamesische Armee waren jemals ein ernst zu nehmender Gegner für Amerikas Kriegsmaschinerie und deren südvietnamesische Vasallen. Letztere besaßen die hundertprozentige Lufthoheit, warfen mehr Bomben über das kleine Land ab, als im gesamten Zweiten Weltkrieg in ganz Nazi-Deutschland einschlugen. Giaps Gegenspieler auf amerikanischer Seite war der Weltkriegsveteran General William Childs Westmoreland.

Vo Nguyen Giap unternahm vielfach Anläufe gegen die alliierten Invasoren, steckte aber taktisch gesehen fast nur Niederlagen ein. Er konnte seinen Gegner in keinster Weise nennenswert schwächen, sich aber so lange teuer verkaufen, bis Amerikas Bevölkerung müde war, ihre Söhne in einem unbedeutenden Krieg irgendwo am anderen Ende der Welt zu verheizen. Die Stimmung kippte vollends, am Ende zogen sich die Amerikaner militärisch unbesiegt aber medial geschlagen und bis auf die Knochen blamiert aus Vietnam zurück.

Beim abschließenden Waffenstillstandsabkommen trafen Vertreter amerikanischen Militärs auf ihre vietnamesischen Widersacher. Zum Abschied konfrontierten sie den feindlichen Parlamentär mit der Behauptung, dass Giap in all den Jahren nicht einen richtigen militärischen Sieg verbuchen konnte. Der Vietnamese verbeugte sich, lächelte freundlich und sagte: „Anscheinend kam es darauf nicht an, Sir!"

Vo Nguyen Giap hat seine Lehren von Sun Zu abgekupfert. Dieser war 500 vor Christus Feldherr im Dienste des Königs von Wu, ein asiatischer Kleinstaat auf dem Gebiet der heutigen Volksrepublik China. Das Königreich Wu war stets von mächtigeren Nachbarn umgeben, die ständig die Sicherheit des Landes bedrohten. Es war nur eine Frage der Zeit, bis einer sich des Zwerges in der Mitte annehmen und sich seines Besitz bemächtigen würde. In dieser Situation vertraute man Sun Zu den Aufbau einer Armee an, die ihre Feinde trotz zahlenmäßiger Unterlegenheit einzig und allein aufgrund Disziplin, Ausbildung und taktischer Überlegenheit besiegen sollte. Aus dieser Erfahrung heraus schrieb Sun Zu die 13 Gebote der chinesischen Kriegskunst, besser bekannt unter dem Namen „Die Kunst des Krieges". Dieses Buch ist auch heute noch Standardwerk in der Offiziersausbildung der Roten Armeen in China, Nordkorea und Russland – ich nehme mir die Freiheit, trotz veränderter politischer Lage in Russland den Begriff „Rote Armee" beizubehalten. Desweiteren ist Sun Zu Pflichtlektüre im Fachbereich Wirtschaftswissenschaft chinesischer Universitäten.

Im Westen ist Sun Zu weitgehend in Vergessenheit geraten. Nur die Geheimdienste beschäftigen sich von Berufs wegen mit seinen Thesen, da diese die Faustregel für nachrichtendienstliches Arbeiten beinhalten: „Es ist günstig, seine Pläne und Vorhaben mehrfach zu ändern. Es ist weise, immer wieder Umwege zu gehen und auch die eigenen Kommandeure und Soldaten irrezuführen."

Es bedarf hierbei einer disziplinierten Truppe von Helfer und Helfershelfer, die sich dadurch auszeichnet, wenig zu fragen und viel zu gehorchen. Wer fragt, bekommt zwar Antwort, diese hilft aber nicht weiter, da Krieg ein dynamischer Prozess ist: Die Variablen sind unendlich, die Konstanten sind begrenzt. Sobald die erste Kugel fliegt, ist man nur noch damit beschäftigt, veränderte Begebenheiten festzustellen und zu improvisieren – dabei müssen andauernd Ziele und der Weg dorthin angepasst werden. Dafür ist unerlässlich, dass man sich selbst, seine Verbündete und seine Gegner in- und auswendig kennt. Man muss wissen, dass man Freunde ganz nah an sich dran, Feinde aber bestenfalls noch viel näher an sich hält. Sun Zu nannte das „Täuschen und Tarnen".

Sowohl in Freundes- als auch Feindesland kamen Spione massenhaft in Einsatz, um alles jederzeit so gut wie möglich voraussehen zu können. Die Informationen, die hierbei schon damals zusammengetragen wurden, machten dem datenschutzrechtlichen „Gläsernen Menschen" von heute alle Ehre. Ob Spitzname, Leidenschaften, Charakterstärken bzw. Schwächen oder die Angewohnheit, Butter gewohnheitsgemäß von links nach rechts aufs Brot zu schmieren – Sun Zus Spione nahmen alles zur Kenntnis und erstellten daraus Profile, die Menschen „gläsern", dadurch besser berechenbar machten.

Absolut richtig ins Schwarze getroffen hat man dabei nie, das war auch nicht nötig, da man wie erwähnt sowieso nur am Improvisieren war.

Obwohl ich in meinen Blogs immer nur von Sun Zu und seinen Lehren schrieb, handelte ich ausschließlich gemäß Vo Nguyen Giaps Interpretation der Schrift. Genau deshalb hatten meine Gegner auch zu jenem Zeitpunkt den Krieg verloren, als irgendein Trottel die Entscheidung traf, meine Abteilung als Scheinwerkvertrag auszugliedern.

Was ist die Aufgabe von Firmenvorständen großer Konzerne? Geschäftsfelder entwickeln? Gewinn erwirtschaften? Nein, die einzige Pflicht lautet „Das Geschäft am Laufen halten" – koste es, was es wolle. Die wichtigste Währung dafür ist Seriösität – Konzernvorstände müssen nach innen und außen ernst genommen werden. Diese Leute treffen strategische Entscheidungen, das Tagesgeschäft interessiert sie nicht. Rahmenbedingungen werden geschaffen, die Inhalte dafür von Untergebenen mit Leben (sprich: Gewinn) ausgefüllt. Diese Leute haben jahrelange Erfahrung, sich Schritt für Schritt an die Spitze gekämpft. Der Weg war steinig, oftmals hart, doch sie haben sich gegen jeden Widerstand nach oben durchgebissen. Sie verdienen einen Haufen Geld, denn mit ihrer Kompetenz steht und fällt der Konzern; man verlässt sich darauf, dass sie wissen, was zu tun ist.

Bei mir wussten sie keine Antwort, deshalb stehen sie heute als Verlierer da. Ein einfacher Gauner - halb so alt und ein Drittel so gebildet – hat sie strategisch an der Nase herumgeführt. Sie wurden mit einfachsten Hilfsmitteln besiegt, fanden auf Hirn, Herz und Humor plus Unmengen von Bier keine Antwort, um der Situation Herr zu werden.

Viele dieser Personen sind passionierte Schach-Spieler, setzen Clausewitz' Theorien aus "Vom Kriege" täglich in die Tat um. Ich spiele kein Schach, sondern Go – Vo Nguyen Giap sei Dank! Ich habe sie alleine umzingelt, umtanzte sie wie ein Schmetterling, stach zu wie eine Biene.

Der Vorhang ist jetzt endgültig gefallen; als letztes Schwert wählte ich ausgerechnet die Feder, also die Waffe, mit der Konzernvorstände am meisten Krieg führen. Diese benutzen sie meist fürs Scheckbuch, ich dagegen für ein literarisches Werk.

Im Buch der fünf Ringe steht geschrieben: „In der Schlacht ist es wichtig, dass du erkennst, wenn sich der Gegner in seinem Rhythmus verwirrt, damit du ihn, ohne diesen Augenblick zu versäumen, in die Enge treibst. Hast du es versäumt, diesen Augenblick zu nutzen, so besteht die Gefahr, dass der Gegner zu seiner Ordnung wieder zurückfindet."

Der Augenblick ist gekommen, den vernichtenden Schlag zu setzen und die letzte offene Antwort zu geben: Was war eigentlich genau mein Plan? Reich zu werden? Aber natürlich! Nur wie?

Ganz einfach! Gelange in Besitz einer Sache, die für eine einzige Partei von existenziellem Wert ist – ein Buch wie dieses, zum Beispiel. Halte Dich bedingungslos an die Maxime „Einer kann's kaufen, der Rest kriegt's geschenkt!" Entweder gewinnst Du zusammen mit den Unternehmen - dann bist Du reich -, oder Du gewinnst zusammen mit der Gesellschaft – dann bist Du berühmt (und das Geld kommt von ganz alleine zu Dir).

Unterm Strich steht eines: Du gewinnst!

Mit einem Wort: Aus is'!

BorA Ankbhaatar

FRÜHLING ÜBERM BUCHENWALD
Eine Trilogie in vier Teilen

Während die Wehrmacht von Sieg zu Sieg eilt und Nationalsozialismus im Reich an der Tagesordnung ist, nimmt ein Namenloser den Antisemitismus zur Gelegenheit, Häuser von Juden auszuräumen und sich so ein bequemes Leben zu finanzieren.

Eines Tages beklaut er den skrupellosen Geschäftsmann Herschel Konetzky, der als Führer der 'Juden für Hitler in Deutschland' mit dem Nazi-Regime gemeinsame Sache macht.

Er flüchtet vor dessen Rache mit echten Papieren als falscher Jude Weinstein ins KZ Buchenwald, wo er Idiotie und Wahnsinn der SS hautnah miterlebt und als Jude von den Deutschen und als Deutscher von den Hitlerjuden gejagt wird.

ISBN: 978-3-7347-6738-8

BorA Ankbhaatar

SOMMER ÜBERM BUCHENWALD
Eine Trilogie in vier Teilen

Fast sechzig Jahre sind seit den Buchenwald-Ereignissen vergangen und obwohl er doch tot sein sollte, findet sich Weinstein in einer Gegenwart wieder, in der Nationalsozialismus noch immer an der Tagesordnung ist.

Ein Rapper und ein jüdischer Komiker, beide aus einer anderen Realität, helfen ihm dabei, dem größten Geheimnis des Tausendjährigen Reichs auf die Spur zu kommen.

Dabei muss sich das Trio mit der Gestapo, einem irren Zigeuner und dem nimmertoten Herschel Konetzky herumschlagen, der weiterhin munter im Weltgeschehen mitmischt und mit Deutschlands neuem Führer das ganz große Ding plant.

Ab Oktober 2015 im Handel